大人のソロキャンプ入門

ヒロシ

SB新書
577

はじめに

「ヒロシです。〝いつからいたの？〟って聞かれましたが、最初からいました……」

もしかすると、こんなネタを知らない読者もこの本を手に取ってくれているかもしれません。ヒロシです。

はじめに、僕とキャンプの出会い、ソロキャンプとの出会いについて書きたいと思います。

僕とキャンプの出会いは、小学生の頃です。父親に教えてもらったことがきっかけで、子どもたちだけで、近くの野山や川で勝手にキャンプをするようになりました。

大人になってから、趣味のキャンプを再開。芸人仲間に連絡して、グループキャンプをしていました。

ただ、グループでキャンプに行くと、皆が皆、僕と同じように〝キャンプ熱〟があるわけではありません。当時は、僕がすべてのキャンプ道具を管理・準備していました。テントも、一人用のものではなく、他のメンバー全員も泊まれるように、グループ用の大きなテントを持っていきました。

そうやって、皆に合わせてキャンプを続けていた、ある日。僕がキャンプ場で皆のためにご飯の支度をしていると、後輩の芸人が僕の用意した食材を物色し、「焼きそばないんっすか?」といってきたんです。〝食べたいものがあったら各自持参して〟とあらかじめいっていたにもかかわらず。

その言葉を聞いて、僕の気持ちやモチベーションは、プツンと切れてしまいました。ちなみに、この後輩を車で送り迎えしたのは僕です。彼に悪気はなかったのかもしれませんが、先輩である僕をお母さんだとでも思っていたのではないでしょうか。

「俺はいったい、何のためにキャンプをやっているんだろうか?」

そういう思いが募っていきました。

ただ、キャンプそのものが嫌いになったわけではありません。そこで、二〇一〇年代前半に、ひとりでキャンプをする道を模索し始めました。僕とソロキャンプの出会いです。

ソロキャンプにどんどんのめり込んでいく過程で、ひょんなことから、同じくソロキャンプをする仲間を得ることもできました。やがてそれが、ソロキャンプをする芸人の集い「焚火会《たきびかい》」の結成につながります。

メンバー（二〇二二年三月現在）は、僕・ヒロシ、うしろシティの阿諏訪泰義《あすわたいぎ》、ベアーズ島田《しまだ》キャンプ、バイきんぐの西村瑞樹《にしむらみずき》、ウエストランドの河本太《こうもとふとし》、スパローズの大和一孝《やまとかずたか》、じゅんいちダビッドソン、インスタントジョンソンのスギ。、とろサーモンの村田秀亮《むらたひであき》（以上敬称略。本書ではふだんの呼び方に戻しています）の九人です。僕が「リーダー」のように思われることもありますが、趣味ですから、上下関係はありません。

「誰かと一緒にやったら、ソロキャンプじゃない！」とインターネットを通して突っ込まれることもあるのですが、「焚火会」のメンバーは皆それぞれが自分の道具・食材を持って、誰かに頼ることのないキャンプをしているソロキャンパーです。「焼きそばないんっすか？」と僕に聞いてくることもありません。

詳しくは本文で語りますが、ソロキャンプは「圧倒的自由」が得られる趣味です。「ソロキャンプとはこういうものなんだ」「そんなのソロキャンプじゃない」などと固定観念を持ってしまうと、ソロキャンプを楽しめなくなります。どうか、気楽に、フラットな気持ちで、ソロキャンプに触れてみてください。子どもと一緒に行って、親子それぞれでソロキャンプを楽しむ、といった楽しみ方もあるはずです。

ソロキャンプで人生が変わったヒロシが語り尽くす、ソロキャンプの始め方・楽しみ方

僕は、二〇一五年三月から、『ヒロシちゃんねる』という動画配信をＹｏｕＴｕｂｅで始めました。配信しているのは、僕がただソロキャンプをやっている様子。もともと、「後から見たら、思い出にふけることができるだろう」と、自分のソロキャンプの記録を残し、それを仲間内で見るつもりで始めたものでした。

『ヒロシちゃんねる』は、動画編集も撮影も僕がひとりで行っています。そのため、僕自身が画面に現れないことも多い、とても地味な動画です。しかし、登録者数をコツコツと増やし、少しずつ認知が高まり、二〇二〇年一一月には、チャンネル登録者数一〇〇万人

を達成しました。

さらに、同年には「ユーキャン新語・流行語大賞」のトップ10に「ソロキャンプ」が選出。僕がソロキャンプの代表ということで、出席させていただきました。

「ヒロシです。」のネタが流行ったときでも受賞できなかったのに、「なんで今さら」と思うこともありました。芸人としては、〝いつからいたの？〟といわれるほどの存在感だった僕を晴れ舞台に立たせてくれたソロキャンプには感謝しています。

二〇二〇年代、ソロキャンプの需要は高まり続けているようです。

二〇二〇年から始まった新型コロナウイルス感染拡大もあり、キャンプ場が自主休業をした時期もありましたが、国内旅行者が半減している中、キャンプ人口の落ち込みは少なかったとのこと。キャンプ用品の推定市場規模も一六・三％増えて過去最高の八七六億円に達したようです（二〇二〇年、日本オートキャンプ協会調べ）。

このようにブームとなっているソロキャンプですが、ソロキャンパーとして僕が知られるようになると、

「ヒロシさん。ソロキャンプってどう始めればいいんですか？」

「ひとりでキャンプして、何が楽しいんですか?」
などと尋ねられることが多くなりました。

本書は、そんな声に答えるために、僕がソロキャンプの始め方・楽しみ方を語り尽くすという内容になっています。

ただし僕は、「ソロキャンプの魅力は圧倒的自由なのに、その定義そのものを僕が決めるべきではない」とも思っています。だから、これまではソロキャンプの始め方や楽しみ方を尋ねられても、「好きなようにやればいいよね」としか答えられませんでした。

そんなわけで、僕はああだこうだとやり方や定義を解説しながら書いていく入門書のスタイルには馴染めないので、僕にインタビューしてもらい、ざっくばらんな対話形式にする、という形を取らせてもらいました。

対話形式にしたことで、ソロキャンプに少し興味を持っている未経験者、始めたばかりの初心者、ふだんしているソロキャンプに何か変化を加えたいと思っている中上級者など、さまざまな人に届く内容になったと思います。

本書は、当初の予定を大幅に超えて二七二頁にもなってしまいました。あとがきを書くスペースもなくなりました。こんなに文字が書かれたソロキャンプ入門書など、なかなかないのではないでしょうか。

ということで、ソロキャンプによって人生が変わった僕ヒロシが語り明かす、ソロキャンプの魅力をぜひ味わってください。

ヒロシ

第2章 キャンプ専門店以外の道具で自分のカラーを見つけ出す

第3章

キャンプでも好きなものを食べよう

第4章

火打ち石で色気ある焚き火を楽しむ……161

第5章 「脱ドームテント」で自然ともっと戯れる

第6章 ソロキャンプを一生モノの趣味にする

序章

なぜ、ひとりでキャンプなのか?

グループでキャンプに行くとどうなるのか？

——これからヒロシさんにソロキャンプの始め方・楽しみ方を教えていただきたいと思います。そもそも、なぜひとりでキャンプに行くんですか？　単純に寂しい気もするのですが……。

たしかに、そう思う人も多いですよね。なので反対に、グループでキャンプに行くとどうなるかを想像してほしいと思います。

たとえば、あなたが、キャンプに行きたいな、と思ったとします。それで、「よし、今度の土曜日、久しぶりにあいつでも誘おうかな」と友人に連絡を取ってみる。この状況、どう思いますか？

——久しぶりの旧友とのキャンプなんて、楽しそうな状況だと思います。

僕にはその後の最悪の展開ばかりが見えてきますよ。まず日程を合わせるだけでもなかなか大変で、友人から断られるかもしれません。それだけならまだしも、「その日は彼女と出かける予定で」とか余計なことまでいわれて、「お前、彼女できたの⁉」と、聞きたくもない他人の幸せ話を聞かされるハメになることも大いにあり得ます。

仮に仲のいい友人三人を捉《つか》まえることができても、その後が大変でしょう。まず、どこのキャンプ場に行くのか、調整しなければなりません。あなたは「海が見えるキャンプ場に行きたいな」と思っていたのに、声の大きい友人から「だだっ広い原っぱがあるキャンプ場がよくない？　そこでフリスビーしたいじゃん！」と提案されたら、声の小さいあなたは反論できないでしょ？　しかも、その行きたくもないキャンプ場を予約するのは、もちろん言い出しっぺのあなたですよ。

行きたいキャンプ場が決まっても、まだまだ試練があります。グループキャンプだと、誰が車を出すか、誰が何を持っていくか、とかの役割分担をしなければならない。もちろん何時に出発するか、とかも決めますよね。

そうして決まった日に、たとえばあなたの体調が悪かったり、気分が乗らなかったりすることもあるじゃないですか。そもそもが希望のキャンプ場ではないんですからね。でも、「自分が皆を誘っちゃったんだから……」となって、行くしかありません。あなたは声が小さいんだから。

――声が小さいのが大前提なんですね。

ソロキャンプに興味がある人間なんて、たいていはそんなもんですよ。僕だって、バラエティ番組でひな壇芸人として出演したときは、収録終わるまで、一言も話せないで終わっていましたから。ふだん声が小さい人ほど、自分勝手になれるソロキャンプに向いている気がします。

さてキャンプ当日。あなたはキャンプ道具一式を用意して、車を持っていないフリスビー男をピックアップしに行きます。案の定、家の前で二〇分待たされてから、出発することになる。車内では、彼の好きな、よくわからないアイドルソングを大音量で聞かされます。「俺、BUCK-TICKの新譜聴きたいんだけど……」と思っても、ノリノリになっている彼を前に、あなたはそんなことといえません。もちろん、高速道路の渋滞に巻き込まれます。そして、助手席のフリスビー男はグーグーと寝始めることでしょう。

知らないアイドルソングをBGMに、渋滞に耐え、予定時間を大幅に超えてやっとキャンプ場に到着する。荷物を降ろして、あなたは皆のためにテントを張る。「運転で疲れたから、ちょっと寝ようかな」と思ったら、次に何が起こると思いますか？

――……フリスビー男からフリスビーに誘われる？

そう！　何が楽しいのかよくわからないフリスビーに付き合わされます。さらに、車内でたっぷり寝ていた彼は、元気ですし、お昼ですから、お腹ペコペコですよ。「キャンプといったらカレーだよね！　カレーはね、水使わずに玉ねぎの水分だけで煮込むのに限るよ」などと彼の発案でカレー作りが始まります。ここは分担作業になりますが、ただでさえ元気だし、キャンプでウキウキしている彼は、焚き火をやりたいに違いありません。声の小さなあなたは、玉ねぎのみじん切り担当といったところでしょう。で、フリスビー男は、現地合流した他の友達二人と一緒に、焚き火をやり始めますよ。でも、いざやってみると、なかなか難しい。着火剤をバカみたいに入れたのに結局火がつかないなんてのは、よくある話です。散々いじって飽きた結果、あなたにバトンタッチされます。あなたは今回のキャンプの言い出しっぺ、責任者ですから、最後の尻拭いはあなたの役目なんです。

そうこうして、たいして食べたくもない無水カレーを食べたら、今度は焚き火を前に、それぞれの近況報告です。フリスビー男は、結婚したばかりの嫁とのノロケ話を始めることでしょう。大企業に勤めている別の友人は「今年の夏のボーナスは、八〇万円しか出なかったんだよね」とどこに不満があるのかわからない愚痴を楽しそうに漏らします。その隣で椅子に深く座っているのは、学生時代からイケメンでモテていた友人ですよ。そいつは、「この前、バーで会った女と一回ヤったらチンコが痒《かゆ》くてさ」と、まるですべらない話をしているかのごとく、どうでもいい話をドヤ顔で提供してきます。で、この三人は「お前はどうなの？」と、あなたに話を振ることもない。あなたは笑顔を貼り付けたまま、聞いていることしかできません。仮に話を振られたとしても、手取り一八万円で毎日サービス残業して働かされているあなたは困りますよね。

——手取り一八万円が前提なんですね。

僕の本を手に取ってくれる心の優しい人間は、その優しさにつけ込まれて、サービス残業とかしがちでしょうからね。休みの日は、若い女が踊っているインスタ動画を見てモヤモヤし、エロ動画を見てスッキリし、罪悪感に苛《さいな》まれ、荒んだ心を猫動画で癒《い》やすというマッチポンプをして過ごしているんですから、近況を聞かれたところで、何も答えられません よ。

そして、夜。今度はボーナス八〇万円男の提案で、ダッチオーブンを使ったチキンの丸

楽しそうにはしゃぐ友人たち。あなたは写真撮影を頼まれるだけ。
（※写真はイメージです）

焼きを作ります。焚き火を前に、皆、酒もご飯も進みます。食事もほどほどに、すぐ近くでキャンプをしていた女の子三人組の存在が気になったチンコ痒男は、酒の勢いを借りて彼女たちの輪のほうに向かいます。フリスビー男とボーナス八〇万円男もビール片手についていったのは、いうまでもないです。

女の子三人組と男四人組……一人余ったあなたは、話の輪に入る勇気もテンションも持ち合わせていません。風上にいる女性たちからは、甘い香水の匂いが漂ってくる。楽しそうに話す六人を横目に、残った鶏肉を頬張りながら、焚き火に夢中なフリをするしかありません。間が持たなくなれば、電波が入らない携帯の待ち受け画面を見て、ＹｏｕＴｕｂｅを見ているフリですよ。「痒男くんって、腕太い～♡」とかいう黄色い声が聞こえる中、焚き火と携帯を交互に見るしかない。そして、八〇万円男の「ちょっと河原、行ってみる？」という提案で、女の子とともに三人は消えていきます。残ったあなたは火の始末をして、先にテントの中に入り、隅っこに寝袋を敷いて寝ます。

最初に三人を誘ったとき、あなたはこんなキャンプになることを想像したでしょうか？　皆で来ているのに、思いもかけないソロキャンプですよ。

――四人用の広々としたテントで、まさかのソロキャンプ……。……それはきついです。

こんな孤立感を味わうキャンプなんて、ごめんですよね？　翌朝目を覚ますと、遊び呆けた三人が寝袋も使わずに気持ち良さそうにお腹を出して寝ているのを目撃します。三人からは、バニラだかココナッツだかのいい匂いが漂ってくる。あなたは、気を取り直し、テントから出て、昨日の片付けをして、皆の朝ごはんを用意します。ようやく、自分が提案した朝食のホットサンドが作れる。皆の分の肉を焼いてあげて、テントの中に起こしにいきます。でも、明け方近くまで騒いでいた三人です。

フリスビー男「おはよ。俺、朝食べない派なんだよね」

ボーナス八〇万円男「俺も、二日酔いで、ちょっと無理だわ」

チンコ痒男「お前、せっかく作ったんだから、俺らの分も食べていいよ」

得てしてそんな反応でしょう。

三人分のホットサンドの処分に困っているところ、皆が起きて、昨日遊んでいた女の子のところに連絡先を聞きに行きます。その間、責任者であるあなたは、テントをひとりで片付けることになるんです。

――……。


極端な話に聞こえるかもしれませんが、意外とありうる話なんです。グループキャンプって、こういうことが起きる。集団で行動すると、自分の思い通りのキャンプはなかなかできないし、声の小さい人は、なんでも押しつけられがちになるんです。僕も、昔はグループキャンプで参加者全員が入れる大きなテントを揃えたことがあるし、送り迎えもやっていましたから。せっかくの休日が「他人のおもてなし」で終わっちゃうんです。

ちなみに、おもてなしをしても、割り勘になります。あなたが酒を飲まなくても、アルコール込みで割り勘になって、入場料以外で三〇〇〇円くらい取られます。しかも、あなたが車を出したのに、なぜかガソリン代と高速料金はぬるっと割り勘にならず自腹になったりもするんです。

こうして日曜日の夕方、やっと家に帰ってくる。テントの中で嗅いだバニラの香りをまだ覚えている中、インスタで若い女が踊る動画を見て、エロ動画を見て、猫動画を見る。

あなたは耐えられますか？

――耐えられません。「土日を使って、自分はいったい何をしていたんだ？」と自己嫌悪に陥《おちい》ると思います。

ひとりでキャンプに行く理由

一方、ひとりでキャンプに行くことを想像してみてください。

湖が目の前にある湖畔キャンプ場にするか、木が茂る林間キャンプ場にするか、それとも川の側にある河原キャンプ場がいいか。どんなキャンプ場を選ぶかは、あなた次第ですよね。もちろん、「フリスビーしたいから原っぱがいい！」と駄々をこねてくる人はいません。

持ち物も、あなたが使うもの、食べたいものだけを持っていけばいいんです。「今日はテントじゃなくてハンモックで泊まりたいな」と思ったらテントを持っていかなくてもいいし、「昼も夜も翌朝もカップ麺で済ませよう」と思ったら、食材はカップラーメン三つでもいいんです。「せっかくのキャンプだから、もっとキャンプらしい食事じゃなきゃダメだ！」と横槍を入れてくる人はいませんから。

――行く場所も、持っていくもの、食べるものも、自分で決められる！　それは魅力的です。

そう。焚き火のやり方だって、「早く無水カレー作りたいから！」と急かされてターボライター（燃料に混合ガスを使用し、筒の中で瞬間的に完全燃焼させた炎を発生させるライターのこと）を使う必要もありません。原始人のように火打ち石を使ってじっくり時間をかけてもいいし、あるいはコンセントが設置されているキャンプ場に行くなら、「今日は焚き火はなし！電気ヒーターで暖を取ろう」と決めてもいいわけです。

――ヒロシさんがやられている「無骨《ぶこつ》キャンプ」じゃないお手軽キャンプも選択できる。

どんなキャンプのスタイルかも、自分で決められるんですね。

そうそう。だって、「火熾《おこ》しは、火打ち石を使ってやらないと、雰囲気が出ないだろ！」と強制されるのは面倒くさいじゃないですか。「自分は手軽なキャンプをやりたいんだよ！」という人だっているわけですから。僕だって、今日は面倒なことしたくないな、と思ったら、火打ち石じゃなくてライターを使いますから。

さらにいうと、予約不要・予約不可なキャンプ場もあるんですけど、そういうところでしたら、当日気分が乗らなければ、行かなければいいんです。それに、行ってみて、なんか想像したキャンプ場と違うな、と思ったり、今日は肌寒いな、となったりしたら、途中で帰ることもできますしね。

――無理に一泊する必要もないわけですね。自由なキャンプですね。

そう！　ソロキャンプって、圧倒的な自由があるんです。何をして、何をしないのか。どのタイミングでするのか。全部自分ひとりで決められます。この圧倒的な自由こそ、グループキャンプでは味わえない、ソロキャンプの魅力なんですよ。

日常の面倒な人間関係やしきたりから自由になれる

ちょっと世知辛い話になるけど、自分の考えだけで決められることって、あまりないな、と思うんですよね。

仕事にしたって、ときには上司や取引先の無理難題を聞かなくてはならないじゃないですか。芸能界ですら、理不尽なことに付き合わなければならないことが多々ありますよ。加えて、謎のルールに縛られることも多いはずです。たとえば、飲み会やタクシーで座る席では、上下関係を重んじた配置をしなければならないし、「最初の一杯目はビール」という風習だって、「いや、私甘いカクテルしか飲めないんだけど」とか、いいにくいですよね。それとか、結婚式で包むお金は、「割り切れない」奇数の枚数で、しかも折り目のないピン札で用意しなければならない。

——たいして親しくもない同僚の結婚式に呼ばれても三万円を包まなければならない、なんともいえない圧力はありますよね。

その三万円があれば、一通りのキャンプ道具が余裕で揃えられますからね。

でも、ソロキャンプは、そういった日常の面倒な人間関係や、しきたり、決まりごとから自由になれるんですよね。キャンプ自体が日常から離れたくて行くものだけど、グループキャンプだと、声の大きい人の主張ばかりがまかり通ったり、役割分担で揉めたりと、どうしても日常を引きずっちゃうんです。それがソロキャンプにはありません。

自然を前にひとりなのだから、日常のしきたりを逸脱したっていいんです。三食全部カップラーメンでも、最初の一杯目からカクテルでも、誰も文句をいいません。それに、実世界だと、たった一、二年だけ先輩の人にも敬語で気を遣いまくるけど、樹齢一〇〇年の大先輩の木にハンモックを吊るして足を向けて寝たって、「俺に足を向けて寝るんじゃない！」って怒られないですから。自然の中に身を置いていると、人間がいかにちっぽけなことに悩んでいるのかを、リアルに実感できるんです。

だから、ふだん組織の中で働いていたり、人間関係を気にしながら生きていたりして、「あぁ、今日はしんどいな」とか「最近、理不尽なことが多いな」と思ったことがある人ほど、日ごろ味わえない自由をソロキャンプで味わえるから、どっぷりハマる可能性は高いですね。

――小さいことで気を揉み、日常に生きづらさを感じる繊細な人にも、ぴったりの趣味ということですね。

ええ。そういう人にこそ向いていると思います。ふだんは「脇役」にしかなれないと思っている人でも、ソロキャンプでは「主役」になれますから。解放感を味わえるはずです。

――では、第1章からソロキャンプの始め方を教えていただきたいと思います。

第1章

お金をかけずにソロキャンプを始める

キャンプの前に

——まず、ソロキャンプは、どのように始めればいいのでしょうか？

とりあえず、キャンプ云々の前に、自然と触れ合うことから始めたらどうでしょうか。たとえば、近くの川に行って、缶コーヒーでも飲んでみればいいんじゃないですか。ふだんよりも少し長めの時間、川を眺めてみるつもりで。

僕はテレビに出なくなってからしばらく、神奈川県の田舎町に引っ越して、近くの多摩川に釣りをしによく通っていたんですよ。だだっ広い原っぱを歩いていると、土手のあちら側とこちら側で、流れている時間の速さが違うように感じるんです。あくせく働いている人は、そういうところに身を置いてみることから、始めるのもいいかもしれませんね。

——そうすることで、ソロキャンプの魅力を感じられるんですか？

う～ん……、さすがにそれだけだと、ソロキャンプの魅力は感じられないかもしれません。でも、自然の中で飲み食いをするのは、キャンプの楽しさにもつながっています。カップラーメンだって、四畳半の部屋で食べるより、外で芝生の上に座って、川を見ながら食べるほうが、美味しく感じますよね。子どものとき、駄菓子屋でお菓子を買って公園で食べたら、すごく美味しかったりしませんでした？

——たしかに、外で食べると、ピクニック気分で、美味しかったです。

ちょっと試しに行ってみて、感想を聞かせてください。

大人は形から入りたい

——ということで、電車に乗って、多摩川の土手に行ってきました。土手を登ると、目の前でゴルフの練習に興じるおじさんたちや、ランニングする若い女性、芝生で駆けっこしている子どもがいて、それぞれ楽しんでいるように見えました。

憩《いこ》いの場だったでしょ？

――はい。土手の向こう側ではゆったりとした時間が流れているのも実感しました。原っぱを眺めながら飲む缶コーヒーは、いつもより美味しい気がしました。

うんうん。

――でも、やっぱり、これがソロキャンプの楽しさにつながっているのかは、まだわかりませんでした。……なんといいますか、大人だから、もう少し形から入りたいかなと。

なるほど。つまり、キャンプ道具を揃えるとか、焚き火をするとか、そういうことから入りたいってことですね？

――おっしゃる通りです。

気持ちはわかります。近くの川に行って、缶コーヒーを飲むだけでも自然の中で過ごす良さは伝わると思ったんですけどね。いきなりキャンプ道具を揃えるのはハードルが高いとも思いましたし。でも、物足りなかったんですね？

――はい。

では、キャンプ場に行くことから始めましょう。

ソロキャンプはどこでするのか？

――そもそもソロキャンプって、どこですればいいのでしょうか？　東京に住んでいて、キャンプ場がどこにあるのか聞かれても、すぐには思いつきません。

僕はあまりこういうことをいわないけど、「ググレカス」ってことですよね。結論からいえば、自分の住んでいる「都道府県名」に「キャンプ場」とか「バーベキュー」と加えて、ネット検索をすることから始めるのがいいと思います。グーグルで、たとえば「島根県」「キャンプ場」と検索すると、こうやって地図で出てくるんですね。

——なるほど。地図の左に評価も出ますね。この評価がいいところに行けばいいんですか？

それはどうかな……。評価がいいところは、人気キャンプ場です。一般的には、ほぼハズレはないです。ただし、「ヒロシ流」のソロキャンプは、そういった人気キャンプ場を選びません。人気キャンプ場は、人が多いですから。

——なるほど！　人気キャンプ場を避けるために、ネット検索を使うんですね。

そういうことです。でも、今はキャンプ場を探すのも一苦労かもしれませんね。

僕は九州の田舎町で育ちましたが、子どもの頃はどこでも勝手にキャンプをやっていました。海で拾った貝を焚き火で焼いて食べたり、野山に食

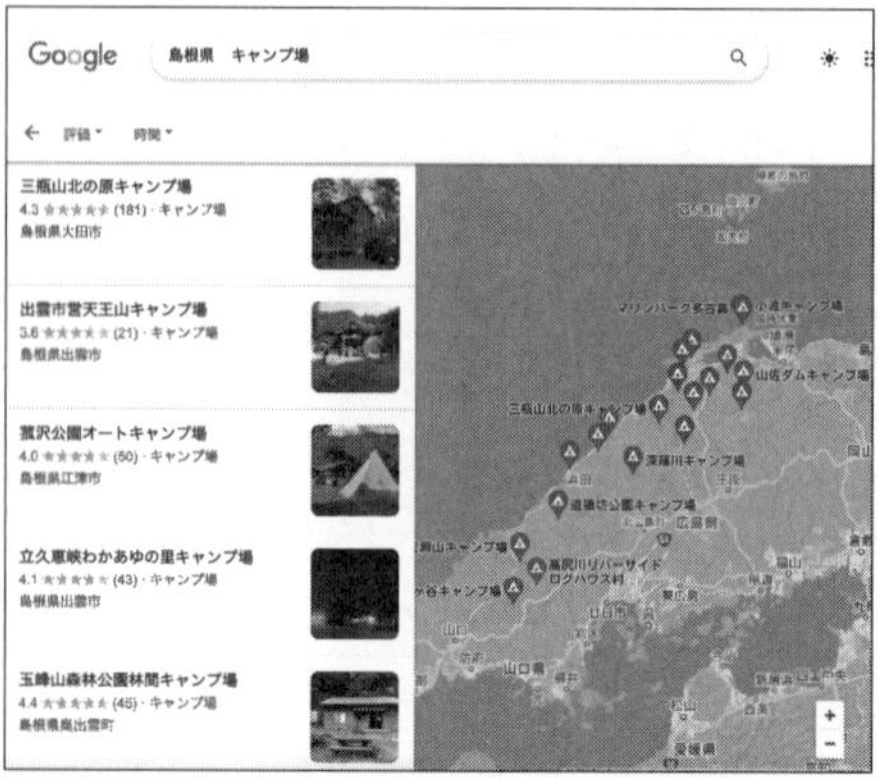

パソコンを使って調べた結果。

材と鍋を持ち込んで、子どもたちだけでご飯を作ったりしていました。近所の庭や空き地でも、落ち葉で焚き火して焼き芋を作る、みたいなことを皆がやっていましたから。

今、都会の河原や公園で勝手にテントを張ったら、怒られるんですよね。自分の土地でも、庭で落ち葉を集めて焚き火をしたら、近所から「煙が流れてきて困るんですけど……」とか「火事になるのでは？」といったクレームを入れられるかもしれない。

——今は焚き火すら、自由にできなくなっていると思います。

僕が子どもの頃よりも、ルールはちゃんとしているけど、ちょっと息苦しい状況ですよね。昔は自由にやれたけど、今は決まったところでやらないといけない。ルールに則《のっと》ってやるしかないんだから。

——ちょっと窮屈な世の中だからこそ、ソロキャンプをやりたい気もします。

ええ。キャンプ場で許される自由を、ひとりで享受すればいいんですよね。

ソロキャンプの敵はホットパンツのいい女

どんなキャンプ場を選ぶかという話で、付け加えておくことがあるんです。

朝早く行って、キャンプ場内の川の近くにテントを張るとします。自然をいい感じで見られる特等席を確保して、焚き火でひとりの時間を楽しみたいと。

でも、お昼頃になると、五メートル先で大学生のグループが、どでかいテントを立ててキャンプを始めたりもするわけです。キャピキャピした楽しそうな声がうるさく感じる。しかも、ホットパンツを穿《は》いたいい女がグループにいたりすると、そっちが気になって仕方がなくなる。ひとりの時間が「至高」ではなく、「惨め」になってくる。

この「惨めな気持ち」って、ソロキャンプを嫌いになるきっかけになるんです。メンタルの強い人は構いません。それとか、

ホットパンツのいい女がいるグループキャンプと自分のみのソロキャンプ。“格差”は大きい。（※写真はイメージです）

ソロのキャンプに慣れてしまえば、人がたくさんいても、堂々と楽しめる人はいると思います。でも、僕はそういうのが無理なんです。

――初めてとなると、テントを設営する時間もかかりそうです。あたふたしてかっこ悪い姿を人前でさらすことになるのは、ちょっとキツイですね。

本当はそんなことをキツイと感じる必要はないんです。ただ、その気持ちはすごくわかります。せっかく始めようとしているソロキャンプを嫌いになる可能性大ですね。

だから、僕はキャンプ場を選ぶ際は、そもそも人があまり来ないようなところを勧めているんですよ。先ほどのグーグルの評価でいえば、評価が低いというよりも、そもそも評価数が少ないところを選びます。評価数が少ないということは、要は、訪れる人がそこまで多くないと予想されますから。人がいないと周りのことを気にせずにいられますからね。

――それは候補が絞れそうですね。

ただ、評価数が少ないキャンプ場って、交通の便が悪かったり、トイレが汚かったりと、

「難あり」であることも多いんですよ。そういったところで、初めてキャンプをするのは、慣れないと怖いですよね。とくに女性であれば、トイレの綺麗・汚いは気になるでしょうし、近くに誰かいることが安心感につながります。人があまり来ないキャンプ場には、そういった意味での安心感はありませんね。

――たしかに周りに誰もいないと、最初は不安になりそうです。あと、いきなり遠くに行って一泊できるかも不安です。

それならば、一泊しなければいいじゃないですか？　日帰りだってできるし、不安だったら、途中で帰ればいいんですから。いきなり遠くに行くのは勧めないですよね。最初は帰りやすい近場にしたほうがいいと思います。

話を戻すと、人がまったくいないところに気が引ける初心者ソロキャンパーは、近場にあるキャンプ場に、平日の人がいないタイミングで行くのもいいかもしれません。どうせ皆さん、消化しきれない有休がいっぱいあるんですから。人気のキャンプ場でも、平日ならそこまで人がいないケースもあります。

――恥を人様に見せないで済むので、それだと敷居は低くなります！

それと、かかる料金も調べておいたほうがいいです。想像以上に高いところがありますからね。総額六〇〇〇円、七〇〇〇円とか取るところがあるから、気をつけないと。

僕が大人になってからキャンプ場に行ってびっくりしたのは、入場料とテント張り料が、別々で取られることです。あと車で行くと、駐車場代も別でかかります。

キャンプ場によって、事前予約が必要なのかどうかも、あらかじめ確認しておいたほうがいいです。平日と土日にどれくらいお客さんが来ているか、駐車場は何台分あるか、キャンプ場の近くに食材を買えるスーパーがあるのか、なども最初は電話で聞いたほうが安心できると思います。

あとはどんなキャンプをしたいか次第で、キャンプ場で薪が売られているか、キャンプサイトに電源があるか、とかも必要に応じて聞いておきましょう。ちなみに、デイキャンプ（日帰りキャンプ）の割安料金があるところもありますよ。

あと、ネットの口コミも参考になります。「便所が汚い」と書いてあったら、本当に汚かったりしますから。そうやってネットで調べることも楽しんじゃいましょう。

ソロキャンプに必要なものは誰もが持っているか？

――行く場所を決めた後は、持っていく道具ですかね。まず、何を買えばいいのでしょうか？

そもそも、その発想がちょっとずれている気がします。キャンプって、生活を外に持っていくだけ、なんです。だから、「必要なものを買わなきゃ」と、構える必要はないです。鍋やフライパンって、どんなにお金のない人でも、たいてい持っているじゃないですか。箸、スプーン、フォークも持っていますし、ナイフはなくても、包丁なら持っていますよね。ちょっと気の利いた人ならばヤカンもあるでしょ？ 寝袋がなくても、毛布やタオルケットは持っていますし、オイルランタン（灯油などの燃料で灯りをともす、手に引っ下げることのできるランプのこと）を持っていなくても、懐中電灯はある。着る服だって、もちろん持っています。

あとは、たとえば……こういう椅子！ これ、たしかニトリかイケアかで、安く買ったんですよ。

野外フェスに行くのにも便利な折りたたみ椅子。

ヒロシ・コーポレーションにある、まったく使われていない折りたたみ式の椅子。

こういう椅子も、なぜか家にあったりしますよね？　あと小さい折りたたみの椅子とかも持っていたりしません？

――たしかに、なんのために買ったか思い出せない小さい折りたたみ椅子が、ベッドの下のスペースに放置してあります。

道具を揃えるのは、ソロキャンプの楽しみの一つではあるんだけど、僕は無駄金を使わせたくないんですよ。だから、最初は家で使っているものをそのまま持っていけばいいんじゃないかと思いますね。

食材だって、半額セールのときに買い込んだ肉が冷凍庫にあったりしますよね。別にキャンプだからって奮発しなくても、それを持っていけばいいんです。ひとりだから、半額シールが貼ってあっても恥ずかしがることはありません。

どうも昨今のキャンプブームもあって、「家にあるものでソロキャンプをやっていたら、恥ずかしいんじゃないか？」という考えがはびこっている気がするんです。「ソロキャンパーなのだから、大手キャンプメーカーで道具を揃えていないといけないんじゃないか？」と考えている人が多い気がします。

——たしかに、「家のフライパンを使うのは恥ずかしい」とは思っていました。

僕が子どもの頃、自分の父親がやっていたキャンプって、特別なものは買わずに、全部家にあるものだけで済ませていました。

極端にいうと、テントも、ブルーシートで代用できるんです。僕が父親とキャンプに行ったのは二回しかないですけど、一回目は海で、そのときはどこからか借りてきたテントを使いました。でも、二回目は川沿いで、ブルーシートでテントらしきものを作ったんです。もう一組、デイキャンプをしている家族がいたから、子どもだった僕は「あっちのテント、いいなぁ」と思っていました。

でも、今思えば、ブルーシートのみで一泊するなんて、いちばんかっこいいキャンプスタイルですからね。天候が雨とか、季節が冬とかじゃなければ、ブルーシートテントでも、なんとかなるんです。

参考にならないかもしれないけど、僕の父親がやっていたブルーシートテントの張り方を教えておくと、まず現地で調達した竹を適当な長さにのこぎりで切って、立方体のやぐらを組んで骨組みにしました。使う紐は古新聞を縛るビニール紐。それで、長方形のブルーシートを二枚使って、設営していましたね。こんな感じです。

――一面だけ開けておいて、そこが出入り口になっているんですね。

そう。これだと入り口から虫が入るでしょ？　だから、蚊帳《かや》を中に吊るしていました。

僕、一応ソロキャンパーとしては、何年もコツコツ活動してきたから、日本ではある程度知られた存在になったと思うんですけど、そんな僕からすれば、家にあるものだけでソロキャンプをやっていたら、かっこいい。

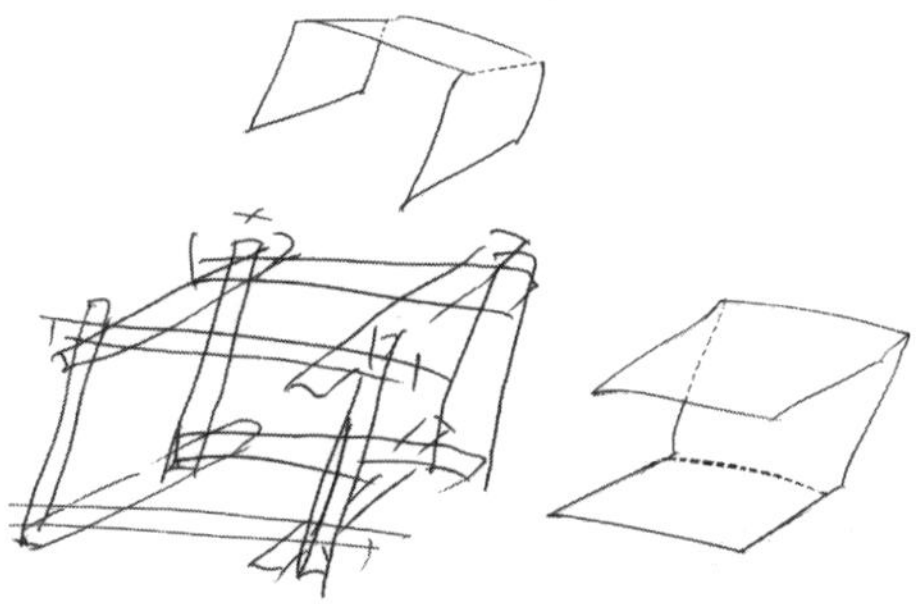

ヒロシの父のブルーシートの張り方（ヒロシ画）。

「無駄金をかけたくない」といって、手持ちの道具だけでやるのって、粋じゃないですか。家で一〇年くらい使っている、近所の金物屋で買ったどこのメーカーかもわからないフライパンを見かけたら、「その年季の入りまくっているフライパン、どこのですか？」って聞きたくなりますもん。

ソロキャンプを長くやってきて、いろんな道具を使ってきましたけど、今は一周回って、昔やった貧乏キャンプに憧れているんです。現地で調達した竹とブルーシートだけでテントを作って、家にある汚い鍋とかでやるキャンプスタイルです。

でも、それって、初めてキャンプする人には、逆にハードルが高かったりもしますよね。家のフライパンを使うのも、僕にとってはかっこいいことだけど、初めからそれを求めるのは酷かもしれません。

――家にあって、キャンプ道具としていちばん使えるものはなんですかね？

カセットコンロですね。キャンプ用のガスストーブ（キャンプ用語では暖房器具だけでなく、調理用コンロもストーブという）はなくても、家で鍋をするときに使うカセットコンロは、あったりしますよね。これがあったら、なんでも調理できるから、最高のソロキャンプができますよ。使い勝手でいえば、キャンプ用のガスストーブの比じゃないです。それに家族でキャンプに来ている人がわりかし利用しているので、ひとりで使っていても恥ずかしくはないと思います。

――わかりました。ソロキャンプを始めるうえでは、キャンプギア（ギアとはキャンプ用語で道具のこと）は極力買わないでいこうと思います。

はい。極力、最初は買わないでいきましょう。テント代わりにするブルーシートにしても、今はカーキ色のシートも売っています。ブルーシートの色だと周りの目が気になるなら、カーキ色のシートにすればいいと思います。

――ブルーシートでテントっぽく張るやり方を教えてほしいのですけど。

それは、各自ネットで調べてください。僕、張り方とかあまり詳しくないんです。ネットで「ブルーシート」「テント」「張り方」「タープ（日よけ、雨よけなどで使う布状の屋根のこと）」などと検索すれば、いっぱい出てきます。こういうのを検索することも、ソロキャンプの楽しみですよ。
僕からアドバイスできるのは、キャンプ場は場所の関係でスマホの電波がつながらないこともあるから、調べたことは、事前にスクリーンショットしたりダウンロードしたりしたほうがいいよ、ってことです。

実際に自宅にあるもので日帰りキャンプに挑戦してみた

——ヒロシさんの話を聞いて、実際、自宅にあるものでソロキャンプに挑んでみました。ブルーシートでテントを張りたかったので、カーキ色のシート、骨組みになるポール、それに太めのペグ（テントなどを張るときに使う、地面に打つ杭）八本は購入しましたけど、調理に使う鍋とカセットコンロは、家で使っているものです。用意した食材も、家にあったインスタントの塩ラーメン、冷蔵庫にあった玉子一個、それにバター一カケラです。

塩バターラーメンを作ろうとしたんですね。調理はどうでした？

——カセットコンロなので、かんたんにできました。どんぶりを持っていかなかったので、鍋のままラーメンを食べたのですが、これがまた新鮮で、家で食べるより美味しいなと思いました。

外で食べるだけで美味しいですよね。そうそう、ラーメンを食べたんなら汁を全部飲まずに残しておいて、それでお米を炊いても美味しそうですよね。

――なるほど！　自宅の炊飯器だと、なかなかそんなことはできないですもんね。あと、鍋に水を汲みに行ったとき、空のペットボトルがあったらラクそうだと気づきました。それに、他のキャンパーが折りたたみ式のキャリーカートみたいなもので道具を運んでいるのを見て、便利そうだなと思いました。

現地に行って初めて気づくことも多いんです。それはそうと、テントは一枚のシートで作ったんですか？

――インターネットで検索したものを参考に、こういうのを作りました！

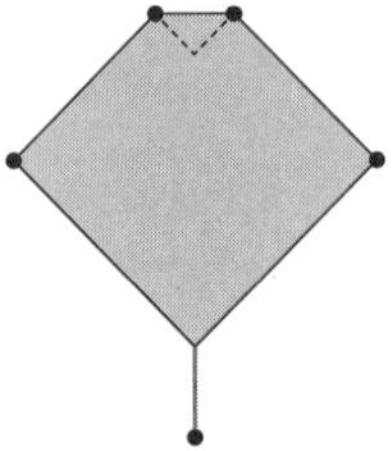

「ダイヤモンド張り」。「●」の箇所がペグを打つ位置。

ブルーシート1枚で作った簡易なテント。

「ダイヤモンド張り」といわれる張り方に近いですね。こうやって、テントなしでタープの下で寝るのは、タープ泊といって、上級者がやる泊まり方ですよ。真冬はきついから春・秋に限定されるけど、テントを用意しなくていいぶん軽装で済むとか、いろんな利点があるんです。でも、いきなりタープ泊なんて、初めてにしては、なかなか尖《とが》ったソロキャンパーですね。

――いや、日帰りソロキャンプですから。

あぁ、泊まっていないんですね。日帰りなら、これで十分楽しめます。

――はい。ただ、ペグを地面に刺すのに、けっこうな力が必要で、金槌《かなづち》があったほうが便利かもと思いました。

僕は極力荷物を減らしたいから、金槌は持っていかないんです。現地で大きな石を拾えば、それでペグは打てますから。太いペグは以前は持っていたけど、重いし、抜くとき力がいるから、使わなくなりましたね。今はテントに初めから付属している細いペグを主に使っています。ペグが抜きにくいときは、レザーマン（アメリカのナイフメーカー）の十徳《じっとく》ナイフ（ドライバー、はさみ、やすり、のこぎりなど、さまざまな機能がついた折りたたみ式ナイフ）についているペンチで掴んで引っこ抜いています。

あと、石ころが多い地面で使う場合、細いペグは刺さらないので、先にロープを引っ掛けておいたペグを、地面に打つのではなく地面の上に寝かせて、その上に重い石を漬物石みたいに置くことで、簡易的に止めています。

どうですか？　家にあるものでキャンプをやってみて、「ハマりそうだな」「もっとやってみたいな」と思いました？

――はい。公園の中のバーベキュー広場という、ほんのちょっとの自然の中でしたが、シートを敷いてそこに座ってご飯を食べるのは、とても楽しかったです。それに「土の上に座ること、最近はなかったなぁ」と気づいたのも新鮮でした。

地面に寝っ転がるとわかるんだけど、土の上に身を預ける安心感ってあるんですよね。硬い地面で寝心地もたいしてよくないのに、妙に落ち着く。マンションに住んでいると、二階以上は空中に住むみたいなものじゃないですか？　ちょっとした自然の中でも、土に座る経験がよかったのかもしれませんね。

キャンプギアが充実している一〇〇円ショップ

――いよいよキャンプ専門店に行ってギアを揃える段階ですか？

それもいいんですけど、僕ならば、とりあえず一〇〇円ショップに行きます。

僕がソロキャンプを始めたばかりの頃は、全然仕事がなかった時期です。専門店で高いキャンプギアを買うのには抵抗がありました。そんなときに利用していたのが一〇〇円ショップ。「これならキャンプに使えるかな？」と想像して一〇〇円ショップの店内を見て回るのはワクワクしましたよ。

今はキャンプブームもあって、一〇〇円ショップにもアウトドアコーナーができて、グッズも充実しています。アウトドア専門店に行く前に、一〇〇円ショップで揃えられるものは揃えてしまうのも手なんです。

次にキャンプをするなら、どんなことがしたいですか？

――そうですね。カセットコンロは重たいし嵩張《かさ》ったので、もっとコンパクトなもので調理してみたいです。

それならば、温泉旅館の鍋料理で丸型コンロと一緒に出てくる水色の固形燃料があるじゃないですか。一〇〇円ショップで数個入りのものが売っているんです。それ一つで一合の米が炊けるくらいになっているから、それでやってみるといいんじゃないですか。鍋を乗せる台になるゴトクも一〇〇円で売っていますよ。

それと、家の鍋が大きくて、持っていくのがしんどければ、今は一〇〇円ショップで一合分の飯盒《はんごう》（メスティン）がワンコイン（五〇〇円）で売られています。これは米を炊く以外に、煮炊き用にも使えます。

あとは、二〇〇〇年代後半に、ダイソーの一〇〇円のスキレット（鋳物《いもの》のフライパン）「一〇〇スキ」がキャンパーの間でひそかにブームになったんです。「一〇〇スキ」は僕も買いましたし、僕が所属するソロキャンプ芸人の集い「焚火会」でも買っている人がいまし

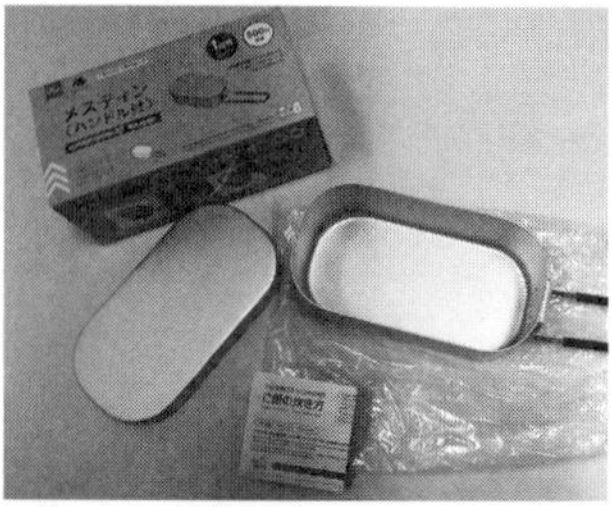

ダイソーの人気商品である500円のメスティン。

固形燃料。3つ入りが100円で売っていた。

た。

スキレットって、当時はある程度値段のするものしかなかったんです。「一〇〇スキ」は価格が一〇〇円だったのが革命的でした。その後、「一〇〇スキ」は価格が上がったんだけど、それでも二〇〇円とか三〇〇円とかの安い価格で売っています。他にもステーキプレートなどの鋳物が低価格で販売されています。

鋳物は、蓄熱性に優れているから、焼きムラができにくく料理が冷めにくいんです。僕は今、重たいので鋳物を使っていないですが、こういうのを買ってフライパン代わりに持っていってもいいと思います。

――カセットコンロを固形燃料に、鍋をメスティンに、フライパンを鋳物に替える。これは楽しそうですね。

ただし、鋳物はシーズニングする必要があるんです。

ダイソーの鋳物のステーキプレート（300円）が1枚あれば、大きめの肉も焼ける。

ダイソーのスキレットSサイズ（200円）は手のひら程度の大きさでソロキャンプに便利。

――シーズニングって何ですか？

工場の出荷時に錆《さび》止めの目的で塗られている油分を取り除いて、食用のオイルでコーティングすることです。詳しいやり方は調べてほしいんですけど、僕の場合は洗ってから、火で熱し、煙が出なくなったら、火を止めて、冷めてからまた洗う。これを何回か繰り返して、最後はキッチンペーパーでサラダ油かオリーブオイルを全体に塗って終わりですね。熱するときはクズ野菜を焼け、と教えていることもあるようなんですけど、僕の冷蔵庫にはクズ野菜ってないんです。

それはそうと、スキレットとかステーキプレートで肉を焼いてもいいけど、もっとかんたんなのは弁当を温めることです。僕もプライベートのソロキャンプでやるし、キャンプ番組『ヒロシのぼっちキャンプ』（BS－TBS）

でも弁当屋さんで買った焼き肉を鉄板で温め直して食べました。これだったら、固形燃料一つで温め直すことができると思いますよ。

——弁当の温め直しは、失敗しなさそうですね。

そうそう。ぱっと見て茶色い弁当を買ったら、だいたい温め直しても美味いですよ。ちょっと脱線するけど、僕、小学生の頃に、遠足で持っていく弁当を他人に見られるのが嫌だったんですよ。なぜなら、自分の弁当は、すべてのおかずが醤油で煮てあって、全体的に茶色だったからです。卵焼きも黄色じゃなくて、さんまの蒲焼きの缶詰を混ぜて焼かれていたから茶色でした。白いご飯も、熊本でメジャーな「御飯の友」というふりかけをかけるから茶色になっていたし、ふりかけ部分が終わっても、底にはおかずから滲み出た汁によって茶色に変色したご飯が残っていたんですよね。

あれだけ茶色い弁当が嫌だったのに、今はやっぱり茶色がいちばん美味いと思っているんです。焼き肉とか唐揚げとか、ぶりの照り焼きとか、とにかく茶色って、だいたい美味いんですよ。

――父親のブルーシートテントがかっこいいと思い、母親が作っていた茶色い弁当が美味しいと思っている。ヒロシさんのソロキャンプのスタイルはご両親譲り、といえるかもしれませんね。

いわれてみたら、たしかにそうですね。焚火会の中には高価なキャンプギアを買う人もいるんだけど、僕は今もあまり高いのは買わないです。基本、貧乏性なんでしょう。

あと、食事に使う道具も、商品豊富な一〇〇円ショップだと見つけやすいと思います。飯盒に入るような折りたたみができるスプーンやフォークとか、焚き火調理で使う網やステンレス製の串なども売っています。一度、行ってみて、そこで買ったもので再度、日帰りソロキャンプをやってみたらいいんじゃないですか。

一〇〇円ショップのうまい使い方

――一〇〇円ショップ大手のダイソーに行ってみました。少し大きめの店舗に行ったのですが、ほぼなんでも売っていると思うくらい充実していました。挙げていただいたもの以外でも、ヒロシさんが持っているシェラカップ（食器や炊事に使える金属製のカップ）に近い形

ウォーターバッグは100円。コンパクトにたためるのが嬉しい。

のステンレス製のボウルや、取っ手の部分が折りたためるステンレス製のマグカップがありました。夏に重宝しそうな発泡スチロール製のクーラーボックスや保冷剤も売られていました。

　たためるウォーターバッグも売っていたでしょ？　あれ、僕も持っているんだけど、水を入れて凍らせて持っていけば、保冷剤にもなるし、溶けた水を飲み水や調理に使えるんですね。ウォーターバッグは使い終わったらたためるのがいいんですけど、買うのが嫌だったら二リットルのペットボトルに水を入れて凍らせて持っていくとかでもいいと思います。

　実際、使ってみて、どうでしたか？

——五〇〇円メスティンで、焼き肉弁当を温めました。おかずをメスティンに移し替えて、蓋をして温めたら、一五分ほどで完全に温まりました。固形燃料の残り時間を使って、冷めているご飯をメスティンの蓋に乗せて温め直そうとしましたが、これはうまくいきませ

固形燃料1つで温め直したお弁当。ご飯を温める際はメスティンの蓋を使用したが、ご飯がはみ出てしまっている。

お弁当とメスティン。ちなみにゴトクの下に敷いているトレーは、家にあったオーブントースターのものを使用。

んでした。

おかずの上にご飯も一緒に入れて、蓋をして蒸し焼きにすれば、全部温まったかもしれないですね。

——あぁ！　その手がありましたね。それと、その後、固形燃料でご飯を炊いたのですが、これもかんたんでした。無洗米を使って、人差し指の第一関節まで水を入れて、固形燃料が完全に消えるまで三〇分。その間、何もせずに見守っていただけです。出来上がって、一五分ほど土の上で蒸らして完成。ちゃんと美味しく炊けていました。

米炊きは、焚き火でやると難しいんだけど、固形燃料は、ちょうどいい火力なんでしょうね。あと、一〇〇円ショップでアルコールストーブも売っているんですけど、

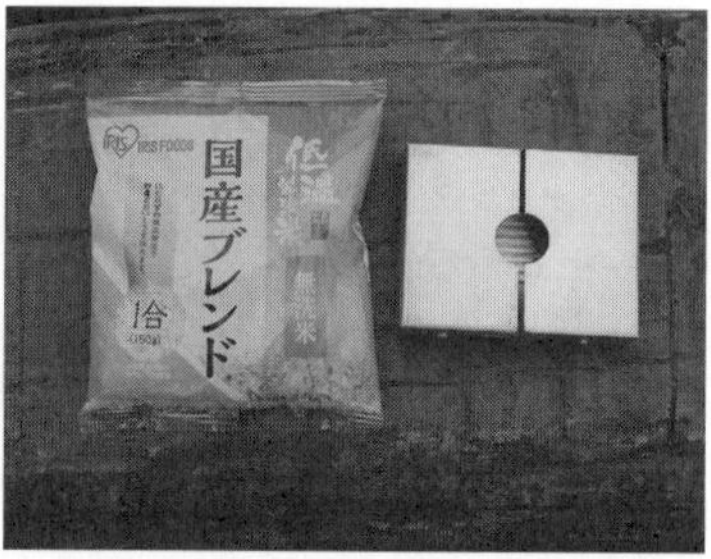

100円ショップで買った無洗米（1合）と固形燃料用折りたたみ式ゴトク。

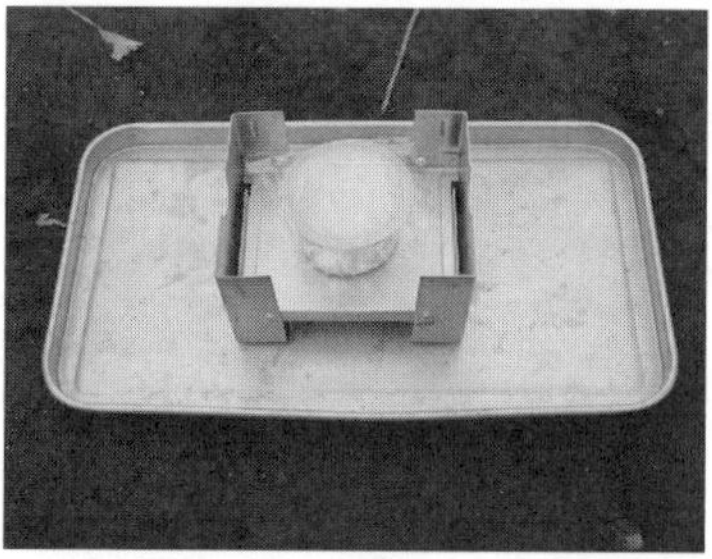
折りたたみ式ゴトクを開いて、上に固形燃料を置いた様子。

固形燃料1つでできあがったご飯。

あれも二、三〇分ほど燃えているから、だいたいお米が炊けるくらいの燃焼時間ですよね。
ちなみに、ご飯を炊いたときに使われた固形燃料を載せ、その上に鍋を載せられる折りたたみ式のゴトクも、一〇〇円ショップのものですよね。

——はい。三〇〇円で買いました。

僕もエスビットというドイツのアウトドアブランドの、同じような形の固形燃料用折りたたみ式ゴトクを持っていたんです。タバコの箱よりもふた回りくらい大きいサイズで、上に固形燃料を載せられるんですよね。面白いなと思って、当時買ったんです。

僕が「ソロキャンプをやる際は一〇〇円ショップをうまく使おう」と発言しているのは、そういうちょっとした便利なアイテムって、少し流行ると、一〇〇円ショップメーカーが目をつけて、似たものを出してくれるからなんです。

これからソロキャンプを本格的にやるとわかるけど、そういうちょっとした便利なアイテムって、すぐに飽きちゃうことも多いんです。高いお金を出すほどのものじゃなければ、一〇〇円ショップで買って満足する。それで十分ですから。

そのアイテムが気に入ったら、壊れるまで使い続ければいいし、少し高いものに買い換えてもいい。僕もいまだに一〇〇円ショップで売っているものはチェックします。焚火会の村田さん（とろサーモン）も、一〇〇円ショップで買ったスタンド付きの焼き網が、愛用の焚火台にぴったりハマる優れものだとわかって、喜んでいました。一〇〇円でこういう喜びまで体験できるのって、最高じゃないですか。

どうです？　日帰りキャンプを二度やってみて、ソロキャンプにハマりそうですか？

——焚き火もまだしていませんし、ソロキャンプの醍醐味を味わっているとはいえないかもしれませんが、少なくとも、前日、寝る前にドキドキしています。

それ！　そのドキドキ、ワクワク感が大事なんですよ！　小学校のときの遠足に行く前日みたいな気分になれるでしょ？　ハマり始めている証拠だと思います。大人になってから、そういうドキドキを味わったことがない人も多いんじゃないでしょうか。

そうしたら、今度は一〇〇円ショップでは買えないキャンプ道具を揃えて、一泊することに挑戦してみるといいと思います。

——では、次章は、一泊するソロキャンプのやり方についてレクチャーしていただきます。

第2章

キャンプ専門店以外の道具で自分のカラーを見つけ出す

初めて買うテントの正解は？

まず、一泊するとなると、時期にもよるけど、正直、ブルーシートで作ったテントだと厳しいと思います。冬だったら寒さで厳しいし、夏だったら侵入してくる虫が心配です。ということで、テントが必要になってくるんですよね。

――いよいよ、本格的なテントの導入ですね。せっかく買ったブルーシートがもったいない気もしますが。

いや、ブルーシートは今後も有効活用できます。テントの下に敷くグランドシートとして使えます。テントの底面が石で破れたり泥で汚れたりすることや水が浸透したりすることを防ぐためのシートですね。それと、雨が降ったときや日差しが強いときにテントの上に張る、雨よけ、日よけのためのタープの代用にもなります。

それはそうと、テントといっても種類があるんです。大きく分けると二つあって、「自立式」と「非自立式」です。自立式は、自分で勝手に立つテント。砂浜とか岩場とかの、

非自立式テント。テントの生地にポールを通す部分がそもそもなかったり、１本のポールを立てても、ペグによる地面への固定や、紐による木への固定をしないと立てられない。

自立式テント。骨組みになるポールなどを使うことで自立するテントで、地面に固定するペグなしでも立てることができる。

ペグが使えないところでも立てられるのがメリットですね。

一方、非自立式は、自分の力じゃ立たないテント。非自立式は、ペグを地面に打つとか木に紐で固定するとかしないと立てられないテントです。

――あの、写真見ても違いがわかりにくいんですけど……。自立式テントも、ペグで地面に固定していますよね？

それは、風で飛ばされないために固定しているだけです。ペグを打たなくても、テントは立ったままの形を維持します。風がないときは、僕、ペグを打たないですし。それに、風があっても、テントの中に荷物を入れちゃえば、重しになって飛びにくいですからね。

――非自立式テントは、どういう構造になっているんですか？

手前の木で隠れている、テントの天井が高くなっている部分がありますよね。これ、テントの中央に、ポールが一本立てられているんです。さらに、テント生地をペグで何本も打って、固定しています。中央のポールと下のペグで、テントの生地を突っ張った状態にして、立てているんですよね。

――なるほど。非自立式は、テントの中央のポールを倒したり、テントの下のペグを引っこ抜いたら、テントが立ってられないんですね。

そうそう。自分の力で立つか、固定する力が絶対必要かという違いです。高校生の頃は、授業中に、勝手に勃ったじゃないですか？　でも、僕も四〇歳を過ぎたあたりから、なかなか勃たなくなったんです。刺激の相当強い動画や、ちょっとした器具も、必要なんでしょうね。

――……校閲で削除されるかもしれませんけど。

ちなみに、非自立式のほうがポールがなくて軽い、というのが教科書的な説明なんですけど、自立式にも軽いものもあるし、非自立式でも生地がコットン素材だと重いんですね。そこはいろいろです。

それで、結論からいうと、初めて買うテントで、こだわりがなければ、自立式のテントがいいと思います。その中でも、ポールを組んでドーム状に立てる自立式のテントがベターだと思います。

――ドームテントといわれるものですか？

そうそう。それが季節、天候、場所を問わず、一年中使えますから。

――どんなドームテントがお勧めですか？

安いものでいいと思いますけど、僕が勧めるポイントは二点あります。

「ソロドーム1」のインナーテントにフライシートをかけて完成させた状態。

バンドック（日本のアウトドアブランド）の「ソロドーム1」のインナーテント。メッシュでできている。

まずダブルウォールといって、内側のインナーテント（人が中に入って居住空間にするテント）と外側のフライシート（風雨《ふうう》の浸入を軽減するための防水処理された布地）が別々になっているものですね。僕が長年使っている「ツーリングドーム」とか、近年使っている「ソロドーム」は、このダブルウォールという構造です。

――これは、二重構造になっているんですか？

そうです。シングルウォールといってテント生地が一枚しかないテントもあるんです。それらの中には、登山者向けに作られていて、テントの総重量が五〇〇グラム台とかの軽いものもあるんです。だから、軽量にこだわるなら、そちらを選択してもいいと思います。

あと、僕が勧めるポイントの二点目は、前室が広く作られているものです。テントの入り口の前にある、靴や

コールマン（アメリカ生まれのアウトドアブランド）の「ツーリングドームST」はダブルウォールで前室が広い。

１枚の生地でも、登山にも耐えられる機能性・耐久性・軽量性を兼ね備えていると、値段は高くなる。

リュックを置いたりするスペースを前室と呼ぶんですね。僕はキャンプをやる際、この前室に座って、焚き火をやりながら、一日の多くの時間を過ごすんです。ここが広いと、快適なんですよ。

――これは二重構造のテントじゃなければ、無理ですよね？

インナーテントとフライシートの隙間を利用して、大きな前室が作られるから、基本はそうですね。ただ、シングルウォールのテントでも、小さめの前室が作れるものはありますすけど。僕が今挙げた二つのドームテントでいうと、「ツーリングドーム」のほうが前室が広いです。

ちなみに、僕が持っているどちらのドームテントも、途中で小雨が降っても、入り口の「ふんどし」と僕が呼んでいる部分を跳ね上げて、ポールを立てて固定すれば、雨よけにすることができるんです。火の高さに気をつければ、このふんどしタープの下に座って焚き火だってできますよ。

——雨の中でやるソロキャンプも、ちょっと楽しそうですね。

晴れているに越したことはないですけどね。雨が降っているのをテントの前室から焚き火しながら眺めるのは、悪くないです。昨今はゲリラ豪雨もあるから注意しないといけないけれど、慣れてきたらトライしてもいいですね。

あと、二重構造のダブルウォールにすると、インナーテントとフライシートの間に空間ができますよね。空気の層ができるから、真冬にテントを立てても、インナーテント内部が結露しにくいんです。これが一枚のシングルウォールだと、内外の温度差でテント内に結露が発生する可能性が高くなるんですね。これもダブルウォールを勧める理由の一つですね。

キャンプ番組撮影中のヒロシ。写真は「ソロドーム1」のテントだが、“ふんどし”を跳ね上げれば、雨の中でもテントの前で過ごせる。

快適な「ツーリングドーム」と軽量化の「ソロドーム」

――「ツーリングドーム」と「ソロドーム」はどう使い分けているのですか？

「ツーリングドーム」は先ほどいったように前室が広く取れるのがいいんですけど、「ソロドーム」は軽いのがいいんです。前者は四キロを超えているけど、後者は二キロいかないくらいだから半分の重さです。荷物を軽くしたいときには便利ですね。

ただ、「ツーリングドーム」はインナーテントが生地だけど、「ソロドーム」はメッシュなんです。だから、冬に使うには「ツーリングドーム」のほうが向いていると思います。「ソロドーム」は僕にとっては春夏用という感じですね。

――「ソロドーム」、調べてみたら、一万円台前半で買えるんですね。

そう。僕が買ったときは一万円切っていましたけど、一万円超えても全然お買い得です。ただ、「ツーリングドーム」も二万円以下だから、有名な一流メーカーのものとしては、

スナグパック（イギリスのアウトドアブランド）の「スコーピオン2」。焚火会の人が出演したキャンプ番組でイタズラされ、風船と旗をつけられている。「普段はこんなの絶対につけたくないです」（ヒロシ）。

安いです。

あと、ドームテントでいえば、最近使っていないけど、「スコーピオン２」も持っています。これは二・六キロと軽いのと、あと色がオリーブグリーンで渋いのが良かったんですよね。

――なぜあまり使っていないんですか？

ドームテントは、だいたいは、インナーテントを先に立ててから、外側のフライシートを被せる仕様なんです。でも、この「スコーピオン２」は先に外側のフライシートを立ててから、その後に中のインナーテントを取り付ける仕様なんです。僕がその立て方に慣れていないせいか、けっこう面倒くさくて……。

あとは奥行きが広いテントなんだけど、「ふんどし」部分の幅が狭いんです。雨の日にその下で焚き火をすることが、このテントだと少しやりにくいなぁと感じました。

今はあまり使っていないんだけど、色は渋いし、軽いし、形も変わっていて、かっこいいんです。「今日はハンモックのみで一泊過ごしたいな」と思っているけど、現地の状況がわからずにハンモック泊ができるかどうかわからないときに、重い「ツーリングドーム」よりも、抑《おさ》えとして「スコーピオン２」を持っていく感じですね。実際、僕、フィンランドの「サウナ温め選手権世界大会」に日本代表として、焚火会の島田くんと太ちゃん（ウエストランド）と出場した際、プライベートでキャンプもしてくるために、これを持っていったんです。

――テント型のサウナの中を設定温度（七〇～八〇℃）まで温めるタイムを競う、という何度話を聞いても、よくわからない大会のことですね。

僕らは忍者のコスプレして挑んだんですけど、時間内に温められず失格しました。しかも、フィンランド人は忍者を誰も知らなかったし、日本に帰国してもまったく話題になっていなかったんですよね。

現地のキャンプ場の状況がわからなかったから、ハンモックと一緒に「スコーピオン２」も持っていったんですよ。気になったら、僕の『ヒロシちゃんねる』でもアップされているから、確認してみてください。

アウトドアショップで買ったほうがいい寝袋

――一泊する際、ドームテント以外で最低限、買うべきものは、なんでしょうか？

あとは、寝袋ですね。ただ、冬に使うのでなければ、なんでもいいと思います。ディスカウントストアとかECサイトで、三〇〇〇円以内で買えるもので十分です。

「僕が使っている夏用の封筒型の寝袋は、ネイチャーハイク（中国のアウトドアブランド）のカーキ色のもので、3000円で買いました。圧縮すると片手にギリギリ載るくらいになります」（ヒロシ）。

冬に使う場合は、有名なアウトドアメーカーの、頭もすっぽり被れるマミー型の寝袋を勧めます。僕、最初、日本のアウトドア用品店のモンベルに行ったときに、マイナス三五度対応の五万円もするダウン（羽毛）の寝袋を店員さんに勧められたんです。でも、「いいテント買える額じゃないか」と思って、買わずに帰ってきたんです。その後、マイナス三五度対応をうたっている中国製のダウンの寝袋が一万円以内で売っているのをネットで見つけて、それを買い

「僕が日常的に使っているキャンプギアでもっとも高いのがこの冬用寝袋です」（ヒロシ）。

ました。

でも、実際に冬のキャンプでそれを使ったら、零度くらいなのに、えらく寒くて眠れなかったんです。冬用寝袋はケチったらダメだと思って、モンベルに行って、前に勧められた五万円の寝袋を買い直したんです。

この経験があるから、冬用の寝袋は、有名なアウトドアのいいものを買うのを勧めています。

――でも、五万円はなかなか出せる額ではないなと……。

初めて買うにはお値段的にハードルが高いですよね。だったら、有名メーカーの比較的安い化学繊維のマミー型の寝袋でもいいと思います。ECサイトやディスカウントストアなら、コールマンとかでも一万円以内で買えたりしますよ。それか、安いマミー型のを買ってからでも、寒さが不安だったら、寝袋の上から被せるシュラフカバーを買えばいいと思います。これは、寝袋が結露や雨粒で濡れることを防ぐための道具ですけど、ついでに保温性も上がるんですよね。

「とくに羽毛は、濡らしちゃうと保温効果が一気に低下するから、その夜を過ごすのが大変になる。それを防ぐのがこのシュラフカバーです」（ヒロシ）。

いずれにしても、冬用寝袋は信頼できるメーカーのものがいいです。ＥＣサイトで買うのが不安なら、アウトドアショップに行って、実際に見て買えばいいと思いますよ。

ただ、アウトドアショップで注意したいのは、ろくでもない店員さんに当たると、必要ないのに高級なものを勧められちゃうことがある点です。僕が大人になってキャンプを始めた際、店員に「セットがお得です！」と勧められるままに、一四万円もする六人用テントセットを買ったんです。セット内容は、テント、グランドシート、ペグを打つハンマーでした。でも、のちに調べたら、テントは一〇万円以内で買えるもので、しかも、ハンマーは一〇〇均で買えるノーブランドのものだったんです。腹が立ったから、買ってしばらくしてから、レシートを持って、店に抗議しに行ったんですけど、「購入から時間が経っていますし、担当した者も辞めています」ということで、軽くあしらわれました。

なんでもそうですけど、店員が勧めるものは、利益の大きいものだったり、売れ残っていたりするものも多いんですよ。基本は疑ったほうがいい。二回しか使わないで終わった

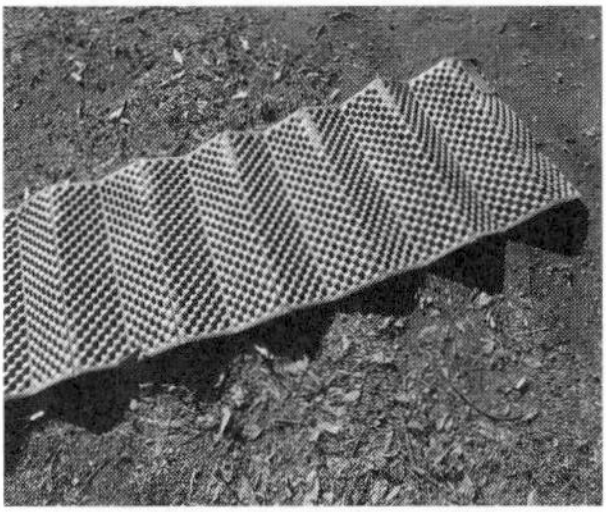

「Zライトソル」の展開後。「火の粉が飛んで小さい穴ができたり傷がついたりしても問題なく使える。耐久性はばっちりです」(ヒロシ)。

ヒロシが使っているサーマレストの「Zライトソル」。「アコーディオンみたいにたたんだ状態だと椅子代わりにも使えるんだよね」(ヒロシ)。

このテントですが、リサイクルショップに売りに行ったら買取額が一〇〇〇円だったんです。思い出すだけでイライラします。

だから、店員さんに聞くだけでなく、自分で調べることも忘れないようにしたほうがいいです。

――テントと寝袋以外に、必要なものはありますか？

あと、寝袋の下に敷くマットも必要です。僕がよく使っているのが、サーマレスト（アメリカのアウトドアブランド）のクローズドセルマット（折りたたみ式のマット）です。登山家が、このたたんだのをザックの上に取り付けて山に登っているんですけど、それに憧れたんですよね。ホームセンターで数百円で買える銀マットでもいいんですけど、ちょっと薄いから寝心地がよくないです。

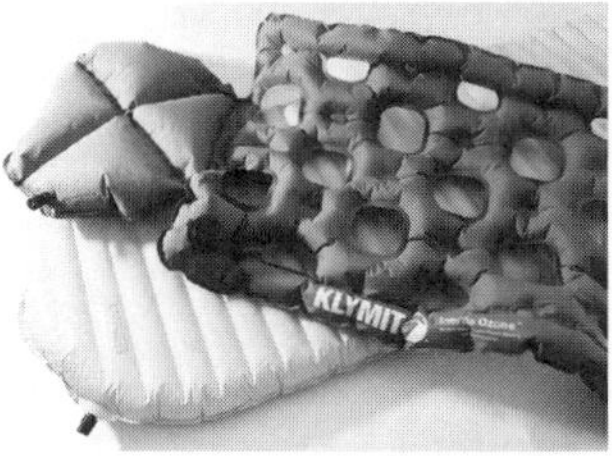

持ち運ぶ際は潰してぺちゃんこになるし、
使う際はクッション性も高いエアマット。

あとは、中に空気を入れるエアマットもあります。クッション性は高いし、断熱性もこちらのほうが高いと僕は思っています。

ただ、エアマットは穴が空くと空気が抜けちゃうから、補修のテープを持っていたほうがいいかもしれません。初めて買うにはクローズドセルタイプのマットでいい気もします。厚さが一・五から二センチほどの安いものをネットで購入すればいいかと。

LEDランタンとオイルランタン

——テントと寝袋とマット。この三点でとりあえず泊まることはできるんですか？

普通にテントを立てられるキャンプ場なら、それで泊まれるんじゃないですかね。ペグもテントにだいたい付属していますし。

あとは、ランタン（手に引っ下げることのできるランプのこと）もあったほうがいいです。日が落ちた後の照明が必要ですから。LEDタイプのものが、一〇〇円ショップでも売っています。僕が長年使っているのも、ネットショップで買った安物です。

——ただ、ヒロシさんは雰囲気のいい、火がテラテラしているランタンを持っていますよね？

オイルランタンですね。ソロキャンプにもいろいろなスタイルがあるけど、僕は、焚き火とオイルランタンがないと、物足りなく感じるんです。オイルランタンは光が弱いから

ヒロシのLEDランタン。「これがないと暗闇で過ごすことになり、じっとしているしかない。楽しくないですよね」（ヒロシ）。

安い灯油や安全性の高いパラフィンオイルを燃料にするオイルランタン。ヒロシが使っているのはフュアハンド（ドイツのランタンブランド）の「275」という昔のヴィンテージモデル。

実用性は高くはないんだけど、自分のキャンプサイト（キャンプでの生活の拠点となるスペースのこと）の雰囲気をよくしてくれます。

僕が使っているのは、けっこうな大きさなので、たまに置いていこうかなと思うときもあるけど、結局、持っていきますよね。

――LEDランタンではなくオイルランタンを買ってもいいですか？

それもいいですけど、両者は僕の中ではまったく別物。オイルランタンを愛する僕だって、LEDランタンは常に持っています。必需品がどちらかといえば、LEDランタンです。オイルランタンはプラスアルファのキャンプ道具。もう少しハマってきたら買い足す感じでもいい気がします。

中古・リサイクルショップで一点ものを探す面白さ

一〇〇円ショップ以外でキャンプギアを安く買うには、中古を買うのも一つの手です。

僕も時々ヤフオクで中古品をチェックしています。あとは、昨今は、リサイクルショップ

ロゴス（日本のアウトドアブランド）のテーブル付きの椅子。

昨今のキャンプブームもあり、在庫もけっこう豊富なリサイクルショップ。

でキャンプ用品も扱うようになっていますから、そういうところを覗いてみたりしても面白いと思いますよ。

――実際、キャンプ用品が置いてあるリサイクルショップに行ってみました。テントや寝袋、ＬＥＤランタンなどが販売されていました。入手困難な人気の品物は定価以上のプレミア価格がつけられていましたが、国産のアルミ製クッカー（屋外での使用を想定した携帯しやすい小型調理器具の総称。コッヘルとも呼ばれる）が二〇〇〇円、テーブル付きのソロ用の椅子が三〇〇〇円、未使用品のＬＥＤランタンが八〇〇円と、「安いな」と思うものもありました。掘り出し物もあったのかもしれません。

実際は、掘り出し物なんて滅多に出会えないんです。でも、「いいものを安く買えるんじゃないか?」「昔のものが手に入るんじゃないか?」という宝探しするワクワク感を楽しめるのがいいですよね。行ってみるまで、何があるかわからないですから。
なんか、コンビニとかスーパーでも、ワゴンセールしてるときがあるじゃないですか。あれ、見てるだけで楽しいですよね。

――賞味期限が迫ったふりかけとか、商品の入れ替えがある缶詰とかが半額になっていると、わりかし買っちゃいます。

ただ、中古のキャンプ道具の商品の傷や欠陥を見抜くことは、始めたばかりの人には無理ですよね。たとえば、中古テントを買ったら、フライシートの裏の縫い目に貼ってあるシームテープといわれる部分が加水分解で剝がれている、といったこともあるようです。こういうのは自分である程度使うようにならないと気づきません。
僕がリサイクルショップで買うのは、キャンプのときに着るネルシャツですよ。キャンプ番組とかで僕が着ているのも、五〇〇円くらいで買ったものばかりです。

――でも、ネルシャツはオタクコーデの代表といわれていますから……。できたらノースフェイスのダウンとかで過ごしたいです。

ヒロシ愛用と同じもののアルミ製マッコリカップ。

フィンランドの蚤の市で太（ウエストランド）と物色中。

キャンプ場に何万円もするダウンジャケット着ていったら、後悔しますよ。焚き火がしたいんですよね？　焚き火すると火の粉が飛んでくるんですけど、ダウンジャケットは、小さい火の粉がついただけで、そこに穴が空きますから。着ていきたい気持ちはわかりますけど、焚き火するなら、やめたほうがいいです。

その点、ネルシャツは火の粉がついた程度なら穴は空かないですし、穴が空いても僕のは五〇〇円ですからね。

――リサイクルショップ以外ではどういうところで買ったりしているんですか？

あとは、仕事で海外に行ったとき、僕は地元の蚤《のみ》の市に足を運びます。その国でしか使っていない食器や調理器具が売っているんですよ。そういうのを見て、「これ、次に行くキャンプに導入したら、「面白そうだな」と想像しながら、買うんです。あと、僕が使っているアルミ製のマッコリカップは、韓国の金物屋で買ってきたものです。地元の人しか行かないようなお店に行くのが好きなんです。

フリーマーケットでも、工具や革製品など、キャンプに使えるものがあるかもしれませんね。

――ペグ打ちに使うハンマーなら、ボロ市やガラクタ市で掘り出し物があるかもしれません。

ヒロシ愛用のエビ鉈。「太ちゃんのお爺ちゃんの魂まで僕は譲り受けられたかな？」（ヒロシ）。

それは一点ものですね。買ったものじゃないけど、僕が使っているエビ鉈《なた》（先端に刃をガードする部分がついた、枝打ちに便利な鉈）は、太ちゃんのお爺さんが長年使っていたものを譲り受けたものです。他人によって使い古されているのをさらに僕が使い込んで、自分の道具にしていく。それって、新品じゃできない楽しみですよね。のこぎりやナイフを持っていそうな親戚がいたら、それをもらって使うのも面白いと思います。

ヒロシが「無骨キャンプ」にたどり着くまで

アウトドア専門店で揃えようとすると、けっこうなお金を使うことになります。自分の目指すべきキャンプスタイルを意識して買うと、無駄遣いせずに楽しめるかもしれません。

――ヒロシさん、今はアースカラーだったり、古いものを使い倒したりしているイメージが強いのですが、どうやって今の渋い無骨スタイルにたどり着いたんですか？

僕の場合は、もともとは全然違ったんです。大人になってグループキャンプを始めた頃は、テーブルも四人用の椅子がついているものを使っていたんです。そのとき、ロゴスから出ている一人用の小さいコンパクトにたためる蛇腹タイプのテーブルを見つけて、「こんな小さいテーブルあるの？」と思ったところから、ソロキャンプのギアの歩みがスタートしています。

――それはヒロシさんが、本書のまえがき（「はじめに」）で、「焼きそばないんっすか？」

まだ、「ダサい」キャンプスタイルの頃のヒロシと阿諏訪。

クッカーは中にアウトドア用の燃料・OD缶を収納できるサイズになっているものが多い。

といわれていた、地獄キャンプをしていた頃ですよね？

そうそう。焚火会を一緒に作った阿諏訪くん（うしろシティ）に出会う前です。その後、阿諏訪くんとたまたま営業先で会って、「僕もキャンプやっています」といわれて写真を見せてもらいました。阿諏訪くんが使っている「B－6君」という焚火台（地面の上に直接に薪を置いて焚き火する直火《じかび》が禁止されている際に使う焚き火用の台）の小ささに衝撃を受けて、すぐにその場でネット購入し、その数日後、阿諏訪くんと一緒にソロキャンプをやりに行ったんです。初めてソロキャンプの仲間を持ったのはこのときです。

このときは、ロゴスの小さくて折りたためる蛇腹テーブルといい、「B－6君」といい、コンパクトになるキャンプギアにハマっていました。だから、ガスストーブも、プリムス（スウェーデンの燃焼器具ブランド）の点火装置付きのもので、これはクッカーの中に燃料のO

D缶と一緒にすっぽり入れられるものだったんです。

――コンパクトに収納できるものがよかったんですね。

積み重ねてコンパクトに収納することを「スタッキング」というんですけど、その喜びですよね。

ドッペルギャンガー（日本のアウトドアブランドDODの旧ブランド名）のポップアップランタンもすごく気に入っていたんです。ヨーヨーぐらいの大きさのものが、ひねると三五〇㎜缶くらいの大きさに展開するという構造が面白かったんですね。カラーは赤と青のポップなものでしたけど、当時はそれもいいと思っていました。ナイフもオピネル（フランスの刃物メーカー）の折りたためるステンレス製のものを使っていました。

とにかく、なんでもかんでもコンパクトにすることにこだわっていました。

ちなみに、このときから一〇〇円ショップのものも使っていました。家で食材を切ってプラスチック容器に入れたり、油も化粧水の詰め替えボトルに詰めて持っていっていました。まな板も一〇〇円ショップで買ったペラペラのプラスチックのものをハサミで切って使っていましたし、手袋も革手袋じゃなくて軍手を使っていました。お金を使わないとい

ヒロシのサイバトロンのリュック。左右のサイドポーチの容量も多い。

うスタイルは、このときからあまり変わっていないですね。
あと、当時、釣りにもハマっていたんです。だから、クーラーボックスは、日本の釣り用品メーカーのダイワのものを使っていました。

——キャンプスタイルを手探り中という感じでしょうか？

今にして思えばそうですね。当時は、手本がなかったですから。リュックは今はサイバトロン（中国のバックパックなどのブランド）の安いザックを使っているけど、当時はイケアの青と黄色の頑丈なビニール袋に入れて持っていってたんですよ。

ブッシュクラフターの衝撃

それで、コンパクトにこだわっていくと同時に、軽量化も視野に入れるようになるんです。そこで、軽いチタン製に注目しました。初めて買ったチタンが、スノーピーク（日本

ヒロシが使っていたチタンの道具の一部。

のアウトドアブランド）のチタン製クッカーです。「B－6君」もチタンだし、あと箸やシェラカップやマグカップもチタンのものにしました。

　ただ、僕はキャンプでお米を炊くんですが、チタンのクッカーは熱伝導率が低くて、うまく炊けないことが多かったんですね。米炊きする人の多くはステンレス製のクッカーを使っているんですけど、僕はステンレスのピカピカ光る感じが嫌でした。そこで、スノーピークのアルミ製クッカーを買うんです。これは秀逸なギアで、その後、長年使うことになりました。その頃からアルミを使い倒したときの凹む感じとか、くすむ感じが好きになって、チタンへのこだわりも減っていくんです。

　どんどんソロキャンプにのめり込んでいくんですけど、当時僕が使っていたリュックが、登山用のいいやつだったんです。カリマーというイギリス発祥のアウトドアブランドの真っ青なリュックです。「これはけっこうな趣味になるな」と思ったから、奮発して買ったんですよ。

　でも、色がちょっと気になるようになってきたんです。ちょうど僕がＹｏｕＴｕｂｅ

ナルゲンのステンレス製ボトルはマウスオープナーで吊るすとかっこいい。「このときはハリガネで吊るしてました」(ヒロシ)。

ヒロシが使っているナルゲンのステンレス製ボトル。一般的には透明でカラフルな水筒を出していることで有名なメーカー。

『ヒロシちゃんねる』を配信し始めた頃で、海外のブッシュクラフターの存在をYouTube動画を通して知るんです。ブッシュクラフトというのは、キャンプとサバイバルのあいだ、と僕は定義しています。ナイフや火打ち石とかの最小限の荷物で、自然の中で野営キャンプしたりすることなんですけど、ブッシュクラフターが使っている道具は、自然に馴染む渋い色のかっこいいものばかりでした。

当時は、僕、キャンプ専門店に通いまくっていたんです。それなのにブッシュクラフターが使う道具は、僕が行っている店に並んでいないものばかりでした。たとえば、ナルゲンというアメリカのメーカーのステンレス製のボトルが、ブッシュクラフターの動画に出てきたんです。その動画では、Y字の枝二本を地面に刺して、その二本の枝の間に一本のまっすぐな枝をかけ、ステンレス製のボトルを吊るして、直接焚き火にかけていたんです。ボトルを吊るすのには、マウスオープナーという魚の口を開くための釣り道具を使っていて、それをステンレスボトルの飲み口のくびれに引っ掛けていました。それを見て、「なんてかっこいいんだ！」と衝撃を受けたんです。すぐにナルゲンのステンレスボトルを海外のECサイトから購入しました。

そこらへんから、「キャンプ場でよく見かける道具や方法と違うやり方でソロキャンプしたい」という気持ちが強くなってきたんです。海外のブッシュクラフターのやり方を参考にするようになって、その世界観と合わない色を使いたくないな、と思って、カリマーの青いリュックも売ってしまうことになります。自然に馴染む色を意識して、ギアを買い替えるようになったんですね。

「働く男の店」でキャンプ用品を買う

ナイフも折りたたみ式じゃなくて、薪割りできる丈夫なナイフがほしいと思うようになりました。そんなときに、焚火会の皆にプレゼントされたのが、ノルウェーの老舗ナイフメーカー・ヘレの「ディディガルガル」というナイフです。

ヒロシがプレゼントでもらったナイフ。「もらった直後にこっそり値段を調べたよね」（ヒロシ）。

――『ヒロシちゃんねる』でも、けっこう前から登場しているナイフですよね。

そうです。それで、当時は白い軍手を使っていたんですけど、その色もあまりよくないな、と思うようになったのと、あと、軍手で熱いものを掴むと、熱が指に伝わってくるんですね。そこで、革手袋に替えようと思ったんです。でも、アウトドアショップに行ったら、レザーグローブで有名なアメリカのブランド・グリップスワニーの黄色いものしか売っていなかったんです。

――メーカーの公式サイトによれば、スワニーイエローと呼ばれているらしく、灯りが少ない採掘場でグローブを落としたときに見つけやすくするよう、イエローに染めたらしいですね。

目立つように、ということですね。でもキャンプ場は採掘場じゃないですよね。この目

ドカジャン姿のヒロシ。タバコはセブンスター。

ヒロシ愛用の革手袋。

立つ黄色が気に入らないし、三〇〇〇円くらいしたんです。ということで、何か他にないかなと思ったんですが、僕、学生時代から日雇いバイトをしていて工事現場で働いていたんです。しかも、僕が芸人になって初めて出たテレビ番組が、とび職の職人の家に二ヵ月間住み込みする、という地獄のような企画だったんです。だから、工事現場などで働く男が行く、街中にあるお店の存在を知っていたんですよね。

――朝早くから営業している、現場仕事の道具を売っているお店ですよね。

そうそう。それで、「革手袋って、たしかああいう店に数百円で売っていたよね」と思って、働く男の店でアースカラーの渋い色の革手袋を買うんです。アウトドアショップよりも全然安いし、他のキャンパーとも被らない。ちなみに、僕、冬のキャンプだとドカジャンを着て過ごすことがあるんですけど、これも働く男のパクりですよ。真冬でも外で働いているんだから、あの人たちが、防寒にいちばん詳しいはずなんです。

そうやって自然に溶け込む色で統一感を出していって、今のスタイルに落ち着いたという感じですかね。

オイルランタンも自然の中でも馴染むと思って使うようになるんですけど、当時はキャンプ場ではほとんど見かけませんでした。その頃はまだフュアハンドのオイルランタンも三〇〇〇円で買えたのに、その後、高騰して、一時期は一万数千円もしていました。

——あの、ヒロシさんが動画で紹介して、品薄になって、高値になって、というのを何度か見ているのですが。

それは本当に困る。僕、値段が高いものは、今も二の足踏んで買えないから、プレミア化すると買い換えられないんです。僕が使っているギアで元値が高いのは、モンベルで買った冬用の寝袋と、ピコグリル（スイスにあるSTC社の焚火台）と、あとはプレゼントでもらったナイフくらいじゃないかな？

――サーマレストのマットも高めですよね？　安いのだと二〇〇〇円以下で買えますけど。

　でも、あれはもう何年も使っていますからね。買い換えていないから元は取っていると思いますよ。焚火会の大和くん（スパローズ）は、サーマレストのマットを家でも使っているんで、潰されて圧縮袋を使ったみたいにぺちゃんこになっています。用途をなさない状態だけど、愛着があって、気に入っているようです。僕以上に元を取っていますよ。

　ちなみに、僕のモンベルの寝袋は、穴が空いて中の羽毛が出てくるようになったけど、テープを貼って補修しています。今の寝袋は正直、色が明るすぎてあまり好きじゃないんですけど、五万円もしたから、そうかんたんには買い替えられないですよ。

ヒロシが「正解」をやらない理由

――たしかに、ヒロシさんは、あまりキャンプギアを買い替えたりしないですよね。

　そうですね。……ちょっと余計な話かもしれませんが、キャンプのＹｏｕＴｕｂｅで再生回数を稼ぐなら、新製品の紹介をするとか、激安商品の使用テストをするとかすればいいんです。僕も、そんなことはわかってます。でも、僕はそれを意図的にしていません。なぜなら、僕にとって『ヒロシちゃんねる』は、再生回数を稼ぐためにやっているわけではないからです。もちろん、視聴回数が多かったら嬉しいけど、別にそのためにＹｏｕＴｕｂｅをやっているわけではないんです。

——だから、アップされるのも不定期なんですね。

ええ。毎日アップするのが登録者数を増やす正解だといわれているのは、わかっています。でも、僕は別に僕の番組の視聴者にキャンプの新製品を買ってほしいとか思っていません。だって、僕自身が道具を全然買い換えていませんから。古いものをずっと使っている。先ほどいった寝袋もそうですけど、壊れたり破れたりしても、補修して使っています。道具を使い倒すことこそ、僕にとってのソロキャンプの面白さの一つだと思うんです。

僕は、ブレイクして、消費されて、「一発屋」といわれて、テレビから消えて、稼げない時期もありました。だから、お金の大事さとか、痛いほどわかっているつもりです。

――お金を持っていない人も、『ヒロシちゃんねる』の動画は共感して見ていると思います。

僕が今のキャンプスタイルに行き着くまで、キャンプギアを買い替えたことは何度もあります。その経過の一部は『ヒロシちゃんねる』に残されています。昔「いいな」と思って紹介した動画で、今は「ダサいな」と思うものもあるけど、そのときに本気でいいなと思っていた気持ちは嘘じゃないですからね。だから、「ダサい」動画も消しません。

――過去は変えられませんからね。

そう。変えられないし、そんなダサかった自分だって、愛おしいじゃないですか。

でも、自分が使いもしない道具を、動画をアップするために次々に買って、それを紹介して再生回数を稼いで、っていうのを目にしたら、「お前、ソロキャンプ本当に好きなのかよ？」って、僕が視聴者だったら思っちゃいますもん。

だから、今回の本を読んでくれている読者にも、僕、新商品を買ってくれ、とか全然思っていません。もちろん、僕が立ち上げたアウトドアブランド（ＮＯ・１６４）の鉄板は買ってくれたら嬉しいですけど、ソロキャンプを始めたり楽しんだりするために、その鉄板を買うのがマストなわけじゃないですから。

――キャンプギアの購入を促しているわけではないんですね。

そうです。

皆の一つ星でも、自分にとっては五つ星

僕も「YouTubeのキャンプ動画で紹介してください」とか大量に依頼が来るんです。でも、自分がいいと思ったものしか紹介したくないですから、引き受けないです。

インターネットの他人が使った感想の書き込みも、信用しすぎない。他人が使ってよかったと思うギアでも、自分が使ったら何か違うなと思うことはあるじゃないですか。その逆もありますよね。キャンプ場だってそうです。第1章でも触れたけど、ネットの評価で五つ星のキャンプ場は、僕にとっては五つ星じゃないです。だって、人がいっぱい来ているから。皆にとっての一つ星のキャンプ場こそ、僕にとっては五つ星なんです。人が来

ないのが、僕にとっては快適なんだから。道具も同じですよ。皆がお勧めするものが、自分のベストというわけじゃないんです。

僕はソロキャンプについては、自分の感性を大事にしたいです。だって、趣味の世界じゃないですか。他人がいいといっているものを取り入れたいとか、まったく思わないです。

――「食べログ」の評価をチェックして店を選んでいるのに、グルメを自称する人の野暮ったさみたいなことでしょうか。

僕は「食べログ」は使わないですね。そういうのを見て自分の舌に合わなかったら、腹が立つじゃないですか。なんとなく入ったお店で意外に美味しかったときの、「自分だけが見つけた感」とかのほうが、体験が豊かでしょ？

多くの人は、仕事で市場調査とかライバル商品とか、自分の感性よりも現実を見なければいけないじゃないですか。せめて趣味は、市場とか他人の評価じゃなくて、自分の「好き」を大事にしたいです。そのうえで築くのが自分のスタイルだと僕は思っています。

もちろん、「年に一回しかソロキャンプに行けないから、冒険はできないよね」と思う人の気持ちもわかります。だから、そういう人は、皆に評価されている安全パイのキャンプ場に行けばいいです。それはそれで構いませんけど、皆がそうなる必要はないと思っています。

――ソロキャンプだけでなくて、いろいろな話にもつながる気がしました。自分のキャンプスタイルを築くうえでも、参考になります。

サイトの雰囲気を自分好みにする

――あの、ヒロシさんにとって、最低限必要なキャンプ道具ってなんなのでしょうか？

一〇四・一〇五頁の写真が僕が使っているキャンプギアの一例です。この中から、最低限持っていくのだとしたら、泊まるためのテント（①）かハンモック、季節に合わせた寝袋（②）、サーマレストのマット（③）、働く男のお店で買った革手袋（④）、ディディガルガルというナイフ（⑤）、火熾しセット（⑥）、テオゴニア（日本のアウトドアブランド）の炭ばさみ（⑦）、ＬＥＤランタン（⑧）、塩胡椒とにんにく醤油が入った調味料セット（⑨）、コーヒー⑩、ファーストエイドキット⑪ですかね。あと一覧写真に写っていないのですが、太田金属のアルミ製のクッカー⑫です。土の上で直に薪を燃やす直火が禁止のところなら、ここに焚火台⑬が入る感じです。

ただ、今の僕の場合は、夜の明かりはオイルランタン⑭で灯《とも》したいし、コーヒーはホーローのマグカップ⑮で飲みたい。肉を分厚い鉄板でじっくり焼きたいと思ったらNO・164の鉄板⑯を持っていくし、炊事場まで行きたくない場合は川の水を使えるセイシェル（アメリカの浄水器メーカー）の携帯浄水ボトル⑰を持っていきます。

最低限のものを持っていく、というこだわりはあまりなくて、今はキャンプサイトの雰囲気や、キャンプ自体を自分の好みにすることを意識して道具を持っていきます。

あと、これらはザック⑱に入れていくんだけど……、たとえば、こういうものに入れてもいいんじゃない？

——それはなんですか？

太田金属のアルミ製クッカー「キャンプセット5」。ヒロシは小さい鍋しかほぼ使わない。

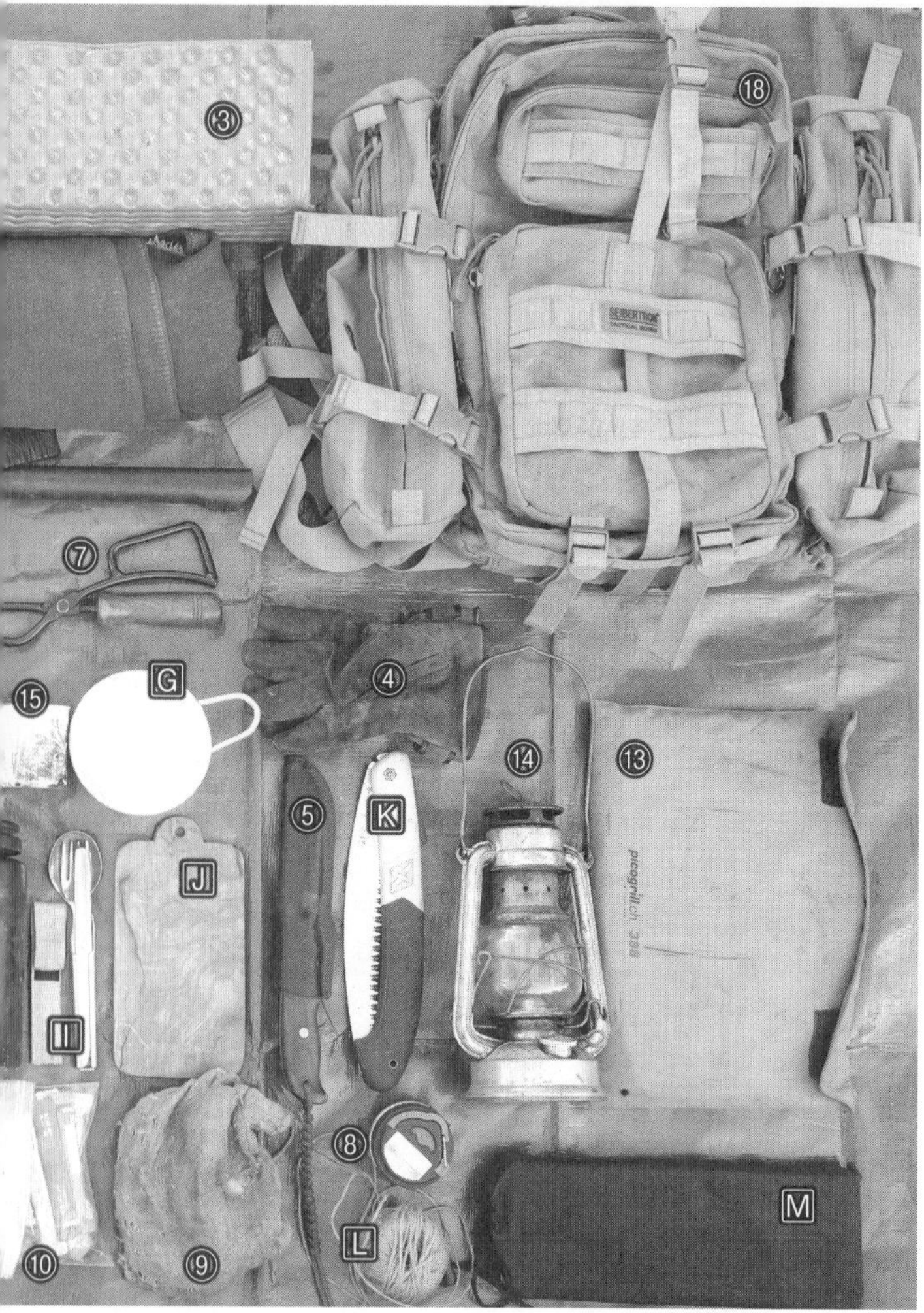

パック」
A 軍放出品のランドリーバッグ
B シュラフカバー
C グランドシート
D ブランケット
E エビ鉈
F SOTO（日本のアウトドアブランド）の「レギュレーターストーブST-310」
G アルミのシェラカップ
H ナルゲンのステンレススチールボトル
I カトラリーセット（箸、スウェーデン軍のナイフ、フォーク、スプーン）
J まな板
K NO.164×サムライのコラボ商品・折りたたみ剪定《せんてい》のこぎり「野斬鋸《やぎりのこ》」
L 麻紐
M SOTOのポップアップテーブル

Ⓘ⑱のザックとⒶのランドリーバッグを使い、ギアを収納した状態。

① バンドックのドームテント「ソロドーム」
② モンベルの冬用寝袋「ダウンハガー #0」
③ サーマレストのマット「Zライトソル」
④ 革手袋
⑤ ヘレのナイフ「ディディガルガル」
⑥ 火熾しセット（ファイヤースターター、火打ち金、火打ち石、火吹き棒等）
⑦ テオゴニアの炭ばさみ
⑧ LEDランタン
⑨ 調味料セット（塩胡椒、にんにく醤油）
⑩ コーヒー
⑪ ファーストエイドキット（救急箱）
⑬ STCの焚火台「ピコグリル398」
⑭ フュアハンドのオイルランタン「ランタン275（蓋のみ276のもの）」
⑮ ホーローのマグカップ
⑯ NO.164の鉄板「独焼《どくやき》鉄板」
⑰ セイシェルの「サバイバルプラス携帯浄水ボトル」
⑱ サイバトロンの「3Pタクティカルバック

軍放出品っぽい、カーキ色のランドリーバッグ。

これ、ランドリーバッグといって、洗濯物を溜めておいたり、コインランドリーに持ち込んだりする際に使うものです。沖縄に行ったときに、軍放出品を売っているお店によく立ち寄るんだけど、そういうところで買うんです。これは、たしか軍のじゃないんだけど、払い下げ品っぽい感じがしますよね？

――はい。めちゃくちゃかっこいいです。

キャンプの荷物がそこまで嵩張らなければ、リュックじゃなくて、こういうのにキャンプ道具を入れて持ち運んでもいいですよね。刃物やとんがったものの先が出ないように注意が必要ですけど。

――なんか、ＲＰＧ（ロールプレイングゲーム）の主人公が持っている雰囲気です。

旅人っぽいでしょ？　僕だったら、ランドリーバッグをわざと泥に擦《こす》り付けちゃうんですよ。

――なるほど！　使用感を出していくんですね。

そうそう。しかもさ、それ荷物を出した後、下に敷けば、ゴザ代わりにもなるでしょ？

――この上に座って焚き火するのも、いい雰囲気になりそうです！

あと、焚き火をする際に、落ちている薪を拾いに行きたいじゃないですか。その際、これを薪入れにすると便利そうじゃありません？

――たしかに、そういう使い方もありますね！

さらに、テントに入った後に、足元が寒いな、と思ったときは、寝袋の足元に、これを被せてしまうと、少し暖かそうでしょ？

――あぁ、すごい！　キャンプ道具入れが、ゴザや、薪入れ袋、足入れにまでなる！　それなら足入れの際は、寝袋と足入れの間に湯たんぽなんか入れてもよさそうですね！

いや、それは寝袋に直接入れればいいんじゃないかな。

――いきなりハシゴを外すんですね……。

要は、単なるランドリーバッグが、キャンプ場だと工夫次第で何役もこなすことになるんです。こういうのワクワクするでしょ？　あと、着替えを中に入れて、枕にしてもよさそう。

――それはいいです！　夢が広がります（笑）。

こうやって使いこなすことを妄想するのが、ソロキャ

ランドリーバッグにキャンプギアを入れた状態。背負うと旅人気分になれる。

ンプの楽しみの一つですよ。新商品を買い続けなくても、こうやって楽しめることがいっぱいある。それは記念にさしあげるので、妄想を実現させてください。

——ありがとうございます。大事に使わせていただきます！

焚火会の人も自分のカラーを大事にしている

——サイトの雰囲気を自分の好みにすることを意識しているのは焚火会の人も同じですか？

そうなんじゃないですかね。西村くん（バイきんぐ）なんかは全体的に荷物が多いんですよ。でも、たくさん持っていくのにも、一つ一つにこだわりがあるようです。

じゅんいちさんは、焚火会の後期加入メンバーですけど、一気にキャンプギアを揃えたんです。その中に、アメリカのトレーラーハウスにあると似合いそうな、どでかい銀色のメタリックなクーラーボックスがあって、僕はそれを見て、「あぁ、これはビジュアルいいけど、使わなくなるだろうな……」と思いました。なぜかというと、でかすぎるから。

案の定、使わなくなって、今では同じく焚火会の島田くんに永久に貸し付けてしまっているんです。島田くんが「返したい」といっても、じゅんいちさんは「まだいいよ」と断って、受け取らないから。

でも、男がアメリカのトレーラーハウスに合うようなギアに憧れる気持ちはわかるでしょ？

——めちゃくちゃわかります。

そのときのじゅんいちさんはそれを買いたかったのであって、それに似合うサイトにしたかったんですよね。だから、それに対して僕が余計な口を挟む必要はないんですよ。焚火会の人も、皆、無駄なものを買った結果、今のスタイルにたどり着いているし、まだ現在進行形で進化中です。島田くんは暖色の使い方がうまいし、阿諏訪くん（うしろシティ）は玄人《くろうと》目線のおしゃれなもので統一している。じゅんいちさんはヴィンテージものを揃えながらも、手間をかけないズボラソロキャンプの道を模索しています。そういうスタイルって、キャンプ用品云々の話だけじゃないでしょ？　だから、誰かの真似して生きる必要がないのと同じように、誰かの真似して買う必要もない。この本を読んでいる読者で、考えに共感してくれるなら、むしろ僕の真似をしないで、自分の納得するものを買ってほしいです。

ただ、キャンプギアはお金がかかるから、「一〇〇均やディスカウントストア、ホームセンターをうまく使おう」「ネットショップや中古屋さんで安いものを買ってみよう」と僕は勧めるんです。そこは自分の経済力に合わせてやっていきましょう。

――参考にさせていただきます。では、次章はソロキャンプにおける料理について、うかがいたいと思います。

第3章

キャンプでも好きなものを食べよう

自然の中で食べること・料理すること

――この章では、ヒロシさんがソロキャンプで食べているものについて、教えていただきたいと思います。

ところで、キャンプで何を食べたいんですか？

――焚火会の島田さんの『ベアーズ島田キャンプのゼロからはじめる焚き火料理』(辰巳出版)を読んだんですけど、そこに載っているような料理をイメージしていました。

見せてくれます？　……あぁ、なるほどね。気持ちはわかるんですけど、僕は、島田くんや阿諏訪くん(うしろシティ)みたいな、料理が得意なうえに好きな人と違うんですよね。自然の中で食べることは気持ちいいんだけど、そ

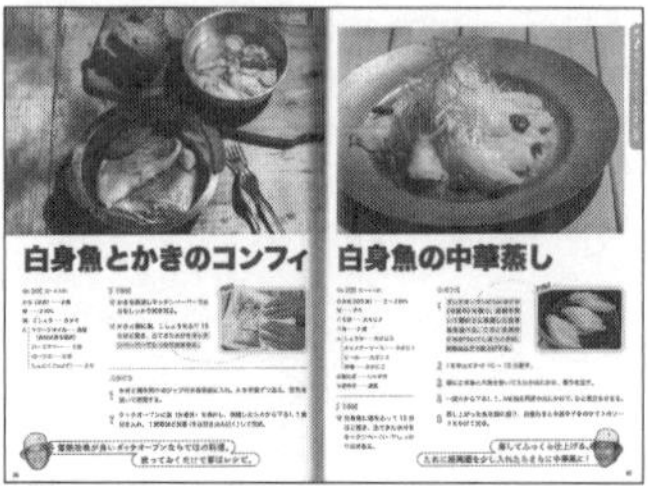

島田の本では、手軽なものだけでなく、映《ば》える焚き火料理も紹介されている。

こで手の込んだ料理をすることは、僕にとっては別でして。

――どういうことですか？

具だくさんのパエリアとか、ダッチオーブンを使った七面鳥の丸焼きとかだと、食材も調理工程も増えますよね？　僕はそれが面倒くさくて、キャンプ場でもあまりやりたくないんです。年に一回しかキャンプに行かないとかならば、張り切る気持ちもわかるんですけど。

――ヒロシさんは、キャンプ場で何を食べるのが好きなんですか？

う〜ん……、色々あるんですけど、究極にかんたんなものなら「一平《いっぺい》ちゃん」ですかね。

――松村邦洋《まつむらくにひろ》さんがＣＭに出ていたカップ焼きそばの？

そうですね。好きなもので手抜きのものは、お湯を入れるだけでできるインスタント麺です。あとは、オリジン弁当を買って持っていくとか、僕はやりますよ。

——う~ん……、島田さんの本の題名にもあるように「焚き火料理」とか「焚き火メシ」とかの、もっと焚き火を前面に出した料理をしたいんですよね。

僕、「焚き火メシ」って言葉、使わないんですよね。そもそもよく考えてください。キャンプといっても、だいたいは家で食べているものを外で作っているだけですよね。それならば、とりあえず焚火台を買って、現地で薪を買って、フライパンで肉とか、網で魚とかを焼いてみればいいのでは？

——そういうのやってみたいですね！

では、とりあえず、ひとりでやってみて、報告してください。

暖を取るための焚き火、調理のための別の火力

ピコグリルのように見えるがニセモノ。

——ということで、実際、焚火台を買って、キャンプ場に行ってきました。

これ、ピコグリルじゃないですか？

——ピコグリルに似せてあるものを、二〇〇〇円でネット購入しました。火吹き棒とキャンプに使う串がついて、この価格です。さすがに焚火台に一万四〇〇〇円は払えないです……。

「ニセグリル」といわれているコピー品ですね。以前はコピー品でも一万円近くで売られていたんです。

——そうなんですね。フライパン代わりのステーキプレート、網、着火剤は一〇〇円ショップのものです。ネットショップで二キロで箱売りされていた木炭を一五〇〇円で購入。極力お金をかけずに揃えましたが、食材はちょっと豪勢に、温めればいいだけのうな

少しだけ着火剤が燃えるが、炭に燃え移る前にすぐに火が消えてしまった。

火のついたマッチを、焚火台の上に置いた着火剤にくっつける。

ぎにしました。

うな丼を作ろうとしたんですね。どうでした？

——まったくうまくいきませんでした。マッチで火をつけようとしたのですが、まず、着火剤に火がつきませんでした。やっと着火剤に火がついても、買った木炭に火が移らなかったんです。何度やっても、着火剤が燃えるだけ。そこで、着火剤を大量に投入して、なんとか木炭に火がついたのですが、火力が弱いのか、米炊きの水が沸騰しないですし、うなぎも温まりません。結局、燃えている炭の上にステーキプレートを直に置いて焼いたうなぎを、固形燃料で炊いたご飯に載せて、食べました。

写真を見せてくれます？　あぁ、これじゃ火がつかないですよ。焚き火でやってはいけないことを、ほぼ全部

着火剤を大量投入して無理やり燃やした木炭だが、うなぎは手で摑めるくらい、熱が通っていない。

マッチをたくさん使い、着火剤に火をつけたが、肝心の炭に燃え移る前に、着火剤の火が消えてしまう。

やっていると思います。先に焚き火のやり方を覚えないと、焚き火では調理はできないですね。

次の第４章の焚き火で、改めて反省会をしましょう。

——わかりました。うなぎは美味しかったんですけどね。

温めるだけでいいんだから、それは当たり前だよね。ちょっと発想を変えて、焚き火は暖を取るためだけにして、最初は調理のために別の火を用意するのもいいかもしれませんね。たとえば、カセットコンロとか。

——調理はカセットコンロでするんですね。

長年キャンプをやっている人でもカセットコンロを普通に使い続けている人もいますよ。別に「焚き火でご飯を作りたいな」と思わなければ、それで構いません。

「カセットコンロでやるとダサいよね」とか思う必要はないですし。

調理に便利なガスストーブの選び方

——ただ、一度はカセットコンロ以外の、手練れソロキャンパーが使っていそうな、かっこいい道具を使ってみたいんです……。大人だから、やはり形から入りたいなと。

大人って面倒ですよね。カセットコンロ以外だと、同じくガス缶を燃料として使うガスストーブ、アルコールを燃料にするアルコールストーブ、木を燃やして二次燃焼を促し高い火力を得るウッドストーブとか、いろいろあるんです。僕も一通り、持っていますね。

——どれを買ったらいいでしょうか？　お金はあまりかけたくないです。

お金を節約するためにどれか一つだけ買うのでしたら、調理する便利さからいって、ガスストーブだと思います。小さいカセットコンロだと思ってください。

ガスストーブは大きく分けて二種類あります。一つは、カセットコンロにも使えるＣＢ

左がOD缶、右がCB缶。

缶（カセットボンベ）を燃料にしたもの。もう一つは、アウトドア専用のコンパクトなOD缶を燃料にしたものです。

——CB缶とOD缶では、何が違うのですか？

僕にとっては、値段と入手のしやすさ、嵩張るかどうかの三つです。

CB缶は安いうえに、コンビニやスーパー、一〇〇円ショップでも売っているから、キャンプ場に向かう途中のお店で買えるのがいいんです。ただ、ザックに入れるとけっこう嵩張ります。

一方、OD缶は、コンビニやスーパーだと売っていなくて、アウトドア専門ショップでだいたい五〇〇円くらいします。値段が高いし、ストーブのメーカーと同じメーカーのものを用意しないといけないので、キャンプ場に行く途中で調達することが難しいんです。ただ、クッカーの中にしまえたりするから、コンパクトに運ぶのには便利なんです。だから登山の人が持っていることが多いんですよ。

「ST-310」展開後。鍋などを温めるときに、鍋から跳ね返ってくる熱がそのままカセットボンベに伝わるのを防ぐために、遮熱板がついている。

ヒロシが使っている「レギュレーターストーブST-310Amazon限定モデル」。ナイフで彫った文字も渋い。

——第2章でいわれていた「スタッキング」という重ね収納術ですね。

ええ。僕は、どこでもすぐに手に入るCB缶を燃料とするガスストーブを使っていますね。ただ、コンパクトにすることにこだわるなら、OD缶を選ぶのもありだと思います。

——ガスストーブはどんなものを買えばいいのでしょうか？

僕が使っているのは、SOTO（日本のアウトドアブランド）のシングルバーナー（アウトドアシーンで使うひとくちコンロのこと）です。普通のモデルとAmazon限定のモノトーンモデルの二モデルを持っています。これ、たたむと薄くなるのがかっこいいんですよね。

プリムスの「153ウルトラバーナー」も点火スイッチ付き。OD缶用のガスストーブは缶そのものがコンロの土台になるものが多い。

イワタニの「ジュニアコンパクトバーナー CB-JCB」も点火スイッチ付き。薄くたためないが、ハードケースがついてくる。

僕は遮熱板に「2020・1・1〜1・4　OKINAWA」って文字を彫ったんです。焚火会の仲間と正月に無人島キャンプに行ったときのことです。海外の戦争映画で、兵士がヘルメットにナイフで自分の名前を刻んでいるのを見て、憧れていたんです。ただ、「HIROSHI」だとかっこ悪いから日付と場所にしました。でも僕が先に帰ることになった際、阿諏訪くん（うしろシティ）に「ガスストーブ貸してくれないですか？」っていわれて、これを貸したんです。貸すとき、すごい恥ずかしかったですね。

――キャンプギア専門店で見たときは、ガスストーブは安いものでも四〇〇〇円くらいでした。

ネットで買うと二〇〇〇円で買えるものとかもあるけど、僕はガスストーブはある程度信頼できるメーカーのを買ったほうがいいと思っています。不良品で事故とか起こったら怖いじゃないですか。

信頼できるブランドだと、四〇〇〇円以上はしますね。SOTO以外で、点火スイッチが付いているものだと、イワタニ（カセットコンロで知られる日本のブランド）とかプリムスのシングルバーナーとかですね。

――アルコールストーブやウッドストーブはどう使っているんですか？

僕の場合は、どちらも、コーヒーとかカップラーメンのお湯を沸かすくらいです。河原でコーヒーを一杯飲みたいな、というときに持っていく感じですね。

たとえばアルコールストーブで分厚い肉を焼こうとなったら、けっこうな量のアルコールを使わなければならないのですが、一度火をつけると、途中で燃料のアルコールを足すのが難しいんです。

ヒロシが2017年に買ったトークスの「ウッドバーニングストーブSTV-11」。「二次燃焼し始めると少量の枝でもすごい火力が出るんだけど、底に溜まる灰の処理が大変」（ヒロシ）。

ウッドストーブで鍋料理をしようとなると、僕の持っているトークス（アメリカのチタン製品などのメーカー）のウッドストーブに限っていえば、火力を安定させるのが難しい。これ、底に溜まる灰の量がえげつないんです。その灰の処理をこまめにしないと、空気が入らなくなるようですね。キャンプギアとしては面白いと思いますけど、お湯を沸かすか、使い残してしまった薪を焼却して灰にするのにしか、僕は使っていません。

その点、ガスストーブは、ガス缶を使い切ったら替えればいいんです。火力も、ある程度、調整できるものが多いです。

ヒロシがアルミ製クッカーを選ぶ理由

――スタッキングの際、クッカーの話が出ましたけど、メスティン（飯盒）一つだけだと、お米を炊いたら、同時に鍋料理ができないんですよね。一〇〇円ショップで買った鋳物のステーキプレートは便利ですが、ちょっと重たい。クッカーを買い足してもいいかな、と思っています。

僕が今使っているのは、「キャンプセット5」というアルミ製のクッカーです。蓋つきの鍋が大・小で一つずつ、それにお皿が加わったものです。凝った料理をしたい場合は他のものが必要になるかもだけど、小さい鍋と大きい鍋があれば、ご飯と鍋が作れるから、僕にはこれで十分です。

これを見つけるまで、アルミのクッカーをいくつか買って、試していたんですけど、しっくり来るのがなかったんです。そんなときに、リサイクルショップのハードオフで未使用品を見つけて、二二〇〇円で買ったんですよね。すでに生産終了していたクッカーだったんだけど、これを使って調理したのをＹｏｕＴｕｂｅでアップしたら、メーカーで生産再開されたんです。

――メーカーの公式ホームページに「ヒロシさんのお陰」とお知らせが出ていました。

僕はクッカーの材質はアルミがいいんです。使っているとくすむ感じとか焦げ付きの感じが出てくるのもいいし、軟らかいからぶつけると少し凸凹になるんだけど、それも味だと思っているんです。

太田金属から出ている「キャンプセット5」。ヒロシは皿をなくしたので「キャンプセット4」になっている。

――ヒロシさん、この「キャンプセット5」を紹介する『ヒロシちゃんねる』でも、「育てていく」という表現を使っていますね。

そうですね。道具は使うことで自分の色に染めていくのが楽しいんです。愛着が湧くんですよ。

でも、アルミ製のクッカーは、意外にないんです。ステンレス製ばかりなんですよ。

――キャンプギアの専門店を何店舗か回ってみましたが、アルミだと、有名アウトドアブランドでは、スノーピークの「アルミクッカーセット」。ヒロシさんも使われていましたが、これが高額なキャンプギアが多いスノーピークのわりには四〇〇〇円と、比較的手が届く値段で出されていました。他に全部がアルミ製のクッカーとなると、何店舗か回った際には、新品では見つけられませんでした。

僕もスノーピークのアルミクッカーセットは長年使っていました。あれは優秀なギアだと思いますけど、寿命で穴が空いてしまったので、替えを探していたら「キャンプセット

スノーピークの「アルミクッカーセット SCS-020」。

5」に出会ったんです。

クッカーもチタン、アルミ、ステンレスがあるので、自分の好きなものを選べばいいと思います。でも、安いクッカーを探すと、だいたいステンレス製でしょ？

——そうですね。昔ながらの湾曲している兵式飯盒も選択肢に入れたんですけど、初めて買う場合は、クッカーのほうが調理しやすいですか？

飯盒は、形状とか大きさの関係で、洗いにくいんですよね。手が中に入れづらいと、角に残った焦げ付きをこそぎ取るのが難しかったりします。ただ、飯盒はビジュアルが最高ですよね。焚火会の大和くん（スパローズ）からもらった戦闘飯盒2型タイプの飯盒を持っていますけど、見た目はクッカーより全然いいです。

——今回はECサイトで見つけた最安のクッカーにしようと思っています。ステンレス製の蓋つきの鍋が大・小で一つずつ入っていて、大きな鍋の蓋はフライパンにもなる。これ、一〇〇〇円ちょっとで買えるんですよ。

それはお買い得ですね。全然いいと思いますよ。ステンレスはステンレスで、使い倒したときのかっこよさってあると思うし。

——はい。……今、スマホを使ってネットで買いました。

焚火会の大和（スパローズ）がアドバイザーを務める戦闘飯盒２型タイプの飯盒。現職の自衛隊員が実際に使用している物と同等規格。

そういえば、ダイソーの五〇〇円メスティンを持っていたでしょ？　あれは一合用だから、二合用とかのメスティンを買えば、その中に一合の五〇〇円メスティンを収納できましたよね。

——なるほど！　サイズを確認すれば、たしかにそういう手もありましたね。というか、クッカーを購入する前に教えてくれたらよかったんですが……。

でも、用途や素材や値段をいろいろ考えた結果、選んだんですよね？　その選ぶ楽しみを邪魔したくないし、普通にステンレスのクッカーセットが一〇〇〇円ちょっとで買えるなら、二合のメスティンを買うより安そうじゃないですか。それを使っていて、どうしてもメスティンの一合、二合のセットでやりたいと思ったら、買い直せばいいんです。
この本を読んでいる読者は、僕の真似をするとかじゃなくて、ぜひ自分のスタイルを見つけてほしいと思うんですよね。

——わかりました。ちなみにヒロシさん、メスティンは持っているんですか？

メスティンって、飯盒というより、おしゃれなＯＬが使っていそうな形のものですよね？　持っているんですけど、すごい流行ったから、あまのじゃく的に使ってないです。
ちなみに、焚火会の西村くん（バイきんぐ）から聞いた情報なんだけど、北欧の人はメスティンを道具箱や小物入れとして使っているらしいです。それを聞いて、僕もネジとか釘を入れるのに使っています。

——それはかっこいいですね！　メスティンに小さいドライバーとか釘とかを入れて、こすれた金属音をジャラジャラ鳴らすと、気持ち良さそうです。

ガスストーブ&クッカーで挑戦したいレトルト料理

――ということで、ガスストーブとクッカーを手に入れました。買ったのは、ヒロシさんの話にも出てきたイワタニのジュニアコンパクトバーナー。クッカーはECサイトで買ったモンターナ（日本のアウトドアブランド）の「アウトドアクッカー4点セット」です。

もう使いました？

――キャンプ場ではまだですけど、庭でお湯を沸かしてみました。イワタニのバーナーを初めて着火したときは、炎が思ったより大きく立ち上がって、びっくりしました。今回はこれでキャンプ飯を作りたいと思っています。初めは何を作ればいいのかなと。

インスタントラーメンでもいいけど、第1章で、すでにカセットコンロで作ったんですよね。だったら、まずはレトルトカレーとレトルトご飯を作ってみたらどうでしょうか？

「アウトドアクッカー4点セット」を分けた状態。

モンターナの「アウトドアクッカー4点セット」。

これなら、お湯を沸かせれば絶対失敗しないと思いますし。

――それなら料理が得意ではない自分でも、大丈夫そうです。

レトルトは今、レベルが上がっていますからね。カレーも一〇〇円で買えるものから、名店が監修している一〇〇〇円近くする豪華なものもあるじゃないですか。昼には安いレトルトのカレーを食べて、夜には豪華なご当地レトルトのカレーを食べるなんてこともできますよ。クッカーを洗わないで済みますし。

――たしかにレトルトだと、クッカーを洗わなくていいのもありがたいですね。

あとは、親子丼、牛丼、麻婆丼など、普通に料理すると

クッカーでかんたんに調理できるレトルト品。

面倒そうなものも、レトルトならばかんたんにできちゃいますよね。今は焼き魚とか煮物まであるでしょ？　自分で作るものより、絶対うまいですよ。

そうすると、一泊して、昼、夜、翌朝の三食全部をまったく違うレトルトで済ます、なんて楽しそうなこともできるじゃないですか。休日の家で同じことをするよりも、外でしたほうがワクワクしますよね。

――普段は絶対買わないご当地ものの高級レトルト品を三品持っていって、豪華に一泊キャンプをしてくる、なんていうのも、楽しそうですね！

そうそう。柔軟な発想で、肩に力を入れないでやってみればいいんですよ。全部レトルトでいくなら、お湯を替えないでもいいでしょ？

――あっ！　たしかに！　缶のホットコーヒーを買って、レトルト品を熱するのに使ったお湯に突っ込んでおけば、余熱で食後に生温かいコーヒーも飲めるじゃないですか!!　夜寒かったら、そのお湯を湯たんぽに入れて、寝袋に忍ばせてもいいですし！

いや、そこまでお湯を使い回さなくてもいいんじゃない？　キャンプ場だと近くに水道があるんだから。ただ、そういう楽しみ方をするのは自由ですよね。

ソロキャンプだからこそできる〝悪事〟

——あと、クッカーを手に入れたら、鍋はやってみたいです。ヒロシさん、『ヒロシのぼっちキャンプ』（BS-TBS）という番組に出ていますけど、鍋の確率が高い気がします。

そうかな。冬で寒い時期には鍋をよくやっているけど、夏はあまりやっていないですよ。あと、僕が動画で料理したのをアップすると、「ヒロシさん！　野菜も摂ってください！」ってコメントが書かれたりするんですよね。あれ、余計なお世話ですよね？　僕は、野菜があまり好きじゃなくて、肉を食べたいんです。ただ、鍋だと野菜もかんたんに調理できるし、うるさいこといわれないから、やっている面もあるかもしれないですね。

――鍋だと何が好きなんですか？

僕は痔持ちだけど、辛いのが好きだから、キムチ鍋が多いですね。
ただ、ソロキャンプで鍋をやるとなると、白菜とか四分の一切れだけ買っても、一食で食べきれません。だから、すでに数種類の切った野菜がパックになっている一人用・二人用の野菜セットを買うのが手っ取り早いです。
キムチ鍋の素も、汁がもともと入っているものじゃなくて、角砂糖のような小さい固形の鍋の素を使えば身軽でいいんです。あれだと、現地で水さえ調達できれば作れますから。クッカーの中にスプーンやフォークと一緒に鍋の素をいくつか入れておけば、忘れることもないですし。

――固形の鍋の素を一つ入れて、あとは野菜セットと、好みでキノコとか白身魚とか入れていけば、鍋が完成しますね。

それと、鍋を作って一通り食べてから、残った汁に麺を入れても、すごく美味そうじゃない？

ガスストーブで温めるだけで、鍋が完成。包丁も要らないから、調理や後片付けもかんたん。

鍋の材料。白菜の入った鍋セットがなかったため、キャベツが入っている野菜炒めセットで代用。

――たしかに！　インスタントラーメンの残り汁同様、自分で全部食べるソロキャンプなら、それもできちゃいますね！

僕、焚火会の人と一緒にソロキャンプに行くことが多いんだけど、「ひとりで行っていないならソロキャンプじゃないじゃん？」っていわれるときがあるんですよ。でも、誰にも頼らないでひとりで食事や寝る場所の準備をするのがソロキャンプだと思っているんです。そういうソロキャンプをする人ばかりが複数で行くと、各々はやはりソロキャンプになっているんですよ。グループキャンプとはまったく違うものです。皆で一緒に食べるものを作って、一緒のテントで寝て、というグループキャンプが好きな人も多いでしょうけど、そういうキャンプにはソロの自由さがないから僕は嫌なんです。

洗濯物を父親の物と一緒に入れると怒る思春期の娘とかが家にいると、鍋の残り汁とか、ラーメンを食べた後の汁を使って炊飯器でご飯を炊いたら、顰蹙《ひんしゅく》を買いますよね。ソロキャンプなら、そういった〝悪事〟も自由にできちゃうんです。

鉄板やステーキプレートの代わりになるギア

――肉とか焼きたい場合、クッカーのフライパンでもできますけど、ヒロシさんは自分で鉄板を作られていますよね？　焼き料理も楽しそうだな、と思いました。

僕は、肉を焼くときに、自分で作ったアウトドアブランドNO・164の「独焼鉄板《どくやき》」の4・5㎜を使っています。分厚い分、肉をじっくり焼くことができる。これで焼くと、気持ち、美味しく感じます。

あと、第1章でも話しましたが、一〇〇円ショップで、スキレットや鋳物のステーキプレートが格安で売られているから、こういうのを買い足したりすれば、焼くことは楽しめると思います。クッカーセットのフライパンって油を十分に引かないと焦げ付くんですよ。

あと、鉄板を自分で売っている僕がいうのもなんだけど、個人的にお勧めなのは、ホッ

「NO.164」の鉄板。「ヤフオク!とかメルカリで高額転売されているものは買わなくていいですよ」（ヒロシ）。

トサンドメーカーです。僕が使っているのは、バウルー（ブラジルのホットサンドイッチに由来する、日本のホットサンドメーカー）のホットサンドメーカーです。

――ホットサンドメーカーは、おしゃれな調理器具としても、人気ですよね。

食パンって、僕の中では、正直あまり魅力を感じていなかったんです。パンを買うなら、惣菜パンや菓子パンのほうが美味しいなと。でも、これで食パンをホットサンドにしてみたら、その美味さにびっくりしました。安く買った食パンでも、贅沢品に変わるんです。菓子パンや惣菜パンを挟んで焼いても、美味いんですよ。

――ホットサンドメーカーでバウルーのこの商品を買ったのはなぜなんですか？

僕がこれ買ったときは、あまり使っている人がいなかったんです。だから他人と被らないかなと思って。当時はソロキャンプを始めたてのときで、頻繁にアウトドアショップに通っていたんです。そこで見つけました。

よかったのは「ＢａｗＬｏｏ」っていうロゴがかっこいいところ。あと、これが入っている箱も、レトロな感じでよかったんですよ。

それと、メーカーによっては、本体に余計なデザインが入っていて、パンを焼くとそのデザインの模様が焼き目としてつくものがあるんです。格子《こうし》柄《がら》とか花柄とかね。しかも、製造しているメーカー名が焼き目で入るものまであるんですよね。メーカー名が入るって、発想がダサいじゃないですか。

――たしかに嫌ですね。自分のお金で買ったもので、メーカーの宣伝するみたいですから。山崎製パンのパンにも「ＹＡＭＡＺＡＫＩ」とか入っていませんし。

その点、バウルーは焼いても何も模様がつかないのも、センスいいと思います。

ガスバーナーとバウルーの「サンドイッチトースターシングル」で作ったホットサンド。イワタニの「CB-JCB」にそのまま載せるとグラグラしたため、網を間に挟んだところ、安定した。

レトロ感漂うバウルーの箱のデザイン。

——ヒロシさん、ホットサンドメーカーを買ったのはバウルーが初めてですか？

僕が大人になってからキャンプを再開したときに、大手メーカーのホットサンドメーカーを誕生日プレゼントでもらったことがありますね。取っ手の部分が折りたためて、コンパクトにしまえるのが売りでした。当時は、なんでもコンパクトなものにするのにハマっていたのでよかったんですけど、結局、使わなくなりました。嫌だったのが、パンの耳を挟む仕様じゃなかったところです。パンの耳をカットしたうえでホットサンドを作るような仕様だったんです。そんなの面倒くさいじゃないですか？　バウルーは、パンの耳を切らずに入れられるように作ってあるのも、ポイントが高かったです。

このバウルーのホットサンドも二種類あって、僕の「シングル」以外に「ダブル」というのもあるんですよ。ダブルは、食パンが焼けたときに真ん中で二つに綺麗に切れるようになっているんです。それはそれでいいんだけど、僕はこのホットサンドメーカーをフライパン代わりにして肉も焼きたかったから、シングルを選んだんです。

――メーカーのＨＰを見たら、バウルーからは「ワッフルトースター」も出ているみたいですね。できあがりが、格子模様が出るようになっています。これも、フライパン代わりは難しそうです。

なるほど。好みは人それぞれですからね。

ホットサンドメーカーで料理のレパートリーを増やす

――ホットサンドメーカーで、食パン以外に、どんなものを焼いてきたんですか？

いろいろなものを焼きましたよ。たとえば、味付きホルモンとキャベツともやしを入れて焼いたりもしました。完全密閉じゃないんだけど、閉じて焼くのって、野菜の水分が逃げにくくて、蒸し焼きになっている気がします。旨味を閉じ込める作用があるんじゃないかな、と思って使っていますね。ハンバーグとかも、これで焼いたら美味しそうじゃない

肉まんの両面を火にかけると、形状から風車のような焼き目がつく。あんまんの場合は満月のような焼き目に。

ですか。

魚を焼いたこともあります。家だと水を溜めて魚を焼くグリルがあるけど、あれ、使った後、掃除が大変なんです。だから、あえてホットサンドメーカーで魚を焼く。鯖《さば》の切り身を二つ並べて焼いたら、皮がパリッとなりました。

お好み焼きも、これで焼きました。裏返しにすれば、コテやフライ返しを使わずに両面を焼けますからね。ホットケーキや大判焼きも、やりましたね。

あと、寿司を焼いたのも美味かったです。炙《あぶ》り寿司みたいになるんです。『ヒロシのひとりキャンプのすすめ』（熊本朝日放送）で披露しました。当初はふざけてやったんだけど、普通に美味かったですね。

ベタなものでいうと、肉まんやあんまんですね。中央が丸く膨らんでいるじゃないですか。それがこのホットサンドメーカーで挟むと上下が圧迫されて、そこに焼き目がつくんです。中身は柔らかいままなのに、外は焼き目がパリッとした歯ごたえになる。家だと電子レンジでチンすると思うけど、それとはまた違う味わいですね。

——キャンプ漫画の『ゆるキャン△』でも、バターを引いてピザまんを焼いていましたね。肉まんだと、ごま油とか引いても美味しそうです。これは初心者でもかんたんにできそうですが、どのくらい温めるんですか？

僕の場合、焚き火でやると、肉まんやパンは、だいたい片面一分半くらいじゃないかな。火力にもよるから、焦げるのが嫌な人はちょこちょこ開けて見たほうがいいです。ちなみに、山崎製パンの「ランチパック」を入れて焼くのも美味いです。

それと、初めてだったら、ホットサンドメーカーでウィンナーを焼いてみたらいいんじゃないですか。あれだと誰でも失敗しなさそうですし。

——ウィンナー、いいですね。

ウィンナーは、僕、昔から「シャウエッセン」なんですよ。あのパリッとした歯ごたえが好きなんです。

──もう、家でもフライパン代わりに使えそうですね。

実際、僕は家で使っています。もちろん、焼いた肉や玉子を、食パンに載せて、野菜も挟んで、思いっきり潰して焼くという、本来の使い方でも使っています。汁が食パンに染み込んで美味いんですよね。

──なんか「飯テロ」みたいになってきました。ちなみに、アウトドア店で探したら、焚き火での使用禁止をうたっているホットサンドメーカーもありました。

そこらへんは自己責任で選んでください。焚き火で使えるものは、家のガスコンロでも、もちろん使えますよ。

あと、これは遊びなんだけど、僕はバウルーのシングルを少し改造していて、上下で分離できるようにしたんです。留め具のところを鉄ヤスリで削って取り除いて、そこにボルトを入れて、ナットで固定しています。だから、完全に

バウルーで焼いたシャウエッセン。焼き目と匂いが食欲をそそる。

二枚のミニフライパンとしても使えるんです。

――この改造は、かっこいいですね！

実際はホットサンドの形のまま使うことのほうが多いんですけどね。蓋があったほうが蒸されるから、美味しくなる感じもします。それに、キャンプ場に行ったら、分離するために取ったネジを失くしてしまうかな、と。

２枚の小型鉄板として使用できる。これなら魚と肉を同時に焼くことも可能。

――調べてみると、コールマンが出している「ホットサンドイッチクッカー」は、留め具がなくて、上下がかんたんに外れるようになっているようですね。

それ、焚火会のじゅんいちさんが使っているものですね。外れると洗いやすいですから。僕が改造したのは、単純に自分流で何かしたかっただけですよ。それに合うネジをホームセンターに探しにいくだけでも、楽しかったですし。

アルコールストーブで飲むコーヒーは格別

あと、先に触れたけど、アルコールストーブとかウッドストーブを使って、コーヒーを飲むのもいいんじゃないですか。

――そのアルコールストーブなんですけど、一〇〇円ショップで小さいもの（容量四〇㎖）が二〇〇円、大きめのもの（容量八〇㎖）が三〇〇円で売っていたんです。だから、気になっていました。

アルコールストーブが一〇〇円ショップで売られる時代になったんですね。焚火会の太ちゃん（ウエストランド）は、使用後のアルミ缶でアルコールストーブを作っていました。

僕が使っているのは、スウェーデンの老舗メーカー・トランギアの「アルコールバーナー」です。見

コールマンの「ホットサンドイッチクッカー」。食パンが三角形に切れるようになっている。

エバニューのゴトクを装着すれば、ちょっとした調理もできる。ちなみに、トランギアの純正のゴトクも発売されている。

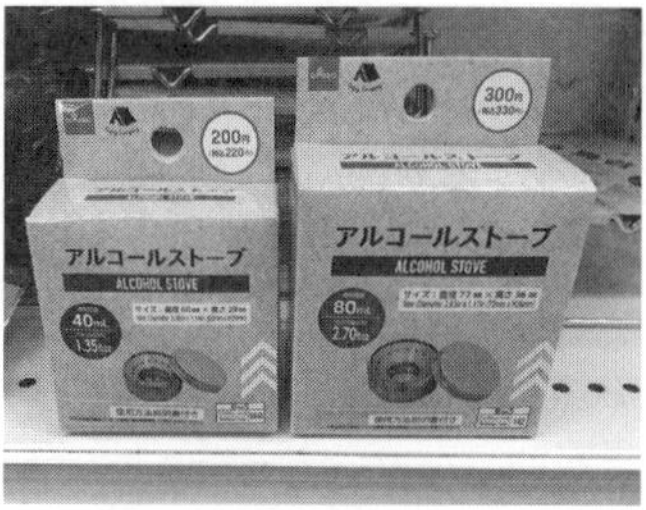

アウトドア用品が充実している100円ショップでは、サイズ別でアルコールストーブが出されている。

た目がいいでしょ？　ただ、炎が出ているかどうかが昼間は見えにくくて、火傷しそうになったり、テントを燃やしそうになったりしたこともあるんですよね。

――調べてみると、一九六四年から七六年まで、スウェーデン軍の備品として採用されていたらしいです。

軍用品と一緒に使うと、たしかに合うと思いますよ。

それで当初これを買うかどうか悩んでいたんです。ガスストーブに比べると火力は弱いし、蓋で火が出る穴を塞いで火力調整するのも難しそうだし。

でも、これに載せるゴトクをたまたま見つけて、そのゴトクを使いたいがために購入することを決めたんです。エバニュー（日本のスポーツ・アウトドア器具メーカー）のゴトクなんですけど。

――別のメーカーなのに、ちゃんと合うんですか?

ええ。サイズや規格もトランギアのを参考にして作っているメーカーが多いのかもしれません。ゴトクをX字に交差させて載せるだけで使えるんです。これがすごくかっこいいと思って。

これでお湯を沸かして川の側でコーヒーを飲んだりしたら、美味しそうでしょ? もし、二、三〇〇円で買えるなら、それを使ってインスタントコーヒーを飲んでみてもいいんじゃないですか。

役立たない道具のよさ

――実際、三〇〇円のアルコールストーブを一〇〇円ショップで買って、ドリップコーヒーを飲んでみました。ドリップコーヒーは美味しくできたのですが、いろいろわかったことがあります。

何がわかったのですか?

——まずは、これ、火をつけた後は、表面が熱くなるから、手に持って移動させることができないんですよ。革手袋とかトング（食品や炭などを挟んで摑むための道具）で摑めば持ち運びできないこともありませんが、中のアルコールをこぼしたりすると火傷や引火の危険があるな、と思いました。だから、テント内だと怖くて使うことができません。商品の箱に「テント内、洞窟、窪地等の換気の悪い場所で使用しないでください」と書いてあるのですが、換気云々の前に、最悪こぼしたときに対処できないと実感しました。

アルコールストーブは、どのメーカーのものもかなり注意が必要なんです。夜だとまだ炎が見えるからいいのですが、昼だと青い炎がまったく見えないですから。

でも、アルコールストーブって、使うの楽しいでしょ？

——はい。最後に中身のアルコール燃料が一滴残らず燃え尽きてなくなるのがすごく面白かったです。

完全に燃え尽きるのが面白かったのか。なるほどね。たしかにオイルランタンだと、中

チタン製のシェラカップでお湯を沸かしたところ、7分で沸騰した。

アルコールストーブに火をつけると青っぽい炎が出てくる。

にオイルが残りますからね。僕がアルコールストーブを面白いと思ったのは、トランギアは、炎が出るところが二重になっているんです。火をつけると、それぞれの穴から出た炎が、少しずつ一つの、安定した青い炎にまとまっていく様《さま》に、僕は感動しました。

――一〇〇均のものでも、徐々に安定していく様は見られましたね。

僕はもう使わないけど、面白いんですよね。

要は、キャンプって、みずから不便になりに行く行為じゃないですか？　家の中にいたほうが間違いなく快適です。でも、便利な部屋から飛び出して、不便な自然の中に身を置く。そこに楽しみがあると思うんです。コンロなら、ひねったり押したりすればそれで済むけど、アルコールストーブなら燃料を入れて、火をつけた後は、火が安定するまで待つ。焚き火なら、火を熾す工程がもっと細かくて、それを一つ一つ丁寧にこなしていく。それらの過程が楽しいんですよ。

アルコールストーブはガスストーブに比べてひと手間かかる道具だけど、その分遊べるんです。

――一〇〇均のアルコールストーブを使った今、おっしゃっていることはわかります！

本命じゃないけど、アルコールストーブという選択肢が一つあるのがいいんですよね。

――「浮気」を人間同士でしたら修羅場ですけど、ストーブでしても誰にも怒られません！

本命は実用性の高いガスストーブで、浮気相手はちょっと面白いアルコールストーブ。そう考えると、人間の浮気相手ってやたらとお金がかかるじゃないですか？　でも、アルコールストーブは、燃料が薬局で三〇〇円くらいで買えるんです。だから、コスパとしても、いい浮気相手なんじゃない？

老若男女、誰もが持てる「浮気相手」のアルコールストーブ。100円ショップを使えば、燃料と合わせても1000円未満。

――たしかに！　都合がいい奴なんですね！　人生で初めて浮気相手を持てそうです！　ワクワクしますね！

はしゃいでいるけど、なんか、悲しくもあるよね。

ヒロシ自慢の焚き火・焼き餃子

――次は焚き火ができたことを前提として、焚き火での調理についてうかがいたいです。

焚き火は火力調整が難しいですけど、ここまでで取り上げた料理は、焚き火さえできれば、わりと失敗せずにできると思います。

あとは焚き火ならではというと、網焼きだったり、焼き芋ですね。

――バーベキュー的なものですね。

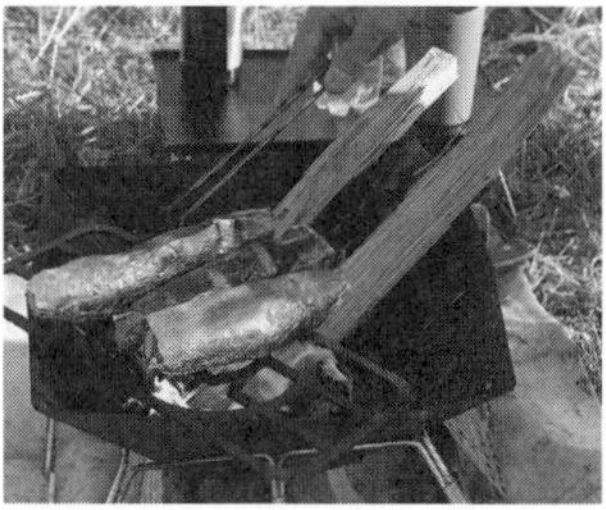
焼き芋も焚き火ができたらトライしたい料理。

網焼きした野菜や海鮮。軽く塩を振って食べても美味しい。

二〇二一年の暮れに焚火会の皆で集まって、『ヒロシのひとりキャンプのすすめ』(熊本朝日放送)の収録をしたんです。このとき、スギ。さん(インスタントジョンソン)が、焚き火でナスを焼いていたんです。ただナスを焼いただけなのに、びっくりするくらい美味かったんですよ。野菜やキノコを焼いて食べるのも、自然の中だと、美味しいですよ。

それと、このとき、焚火会の島田くんと太ちゃん(ウエストランド)は焼き芋を作ったんですね。焼き芋は、濡れた新聞紙で巻いてアルミホイルで包んで焼くんですけど、焼きあがった芋に、アイスをかけて食べました。あれも、美味しかった。

――他にかんたんにできそうなものはありますか?

あとは、ホットサンドメーカーを使って、焚き火で餃子

完成した焼き餃子。

水はなみなみ入れるのがヒロシ流。

を焼くとか、面白いんじゃないですかね。焚き火で焦げ目をいい感じにつけて完成させるのは、けっこう難しいんですよ。僕、大学生の頃に、バイトで餃子を焼いていたんです。だから、餃子を焼くのにはちょっと自信があるんです。

最初にホットサンドメーカーを焚き火で熱してから、いったん焚き火から離して、油を垂らし、冷凍餃子をいっぱいに敷き詰めるんです。

それで、蓋を開けたまま焚き火に戻す。焚き火で熱してから、水をなみなみ入れて、蓋を閉じて蒸し焼きにするんです。あとは、水が蒸発してなくなったかどうかをちょくちょく確かめます。コテって持ってます？

——もんじゃとかに使うコテですか？

ええ。僕、もんじゃに使う小さいコテをキャンプに持っていくんです。ほぼ掃除用で、使い終わった後の鉄板やホットサンドメーカーの焦げ目をこそぎ取るのに使うんです。このコテで、餃子を少し持ち上げて、焦げ目具合を確認します。あとは好みで、きつね色になったら完成ですね。

――少し大変そうですけど、やってみます。

焚き火は、使う焚火台によっても、火までの距離が違ってきますよね。何度か挑戦してみて、自分の正解を見つけてください。

「赤子泣いても蓋取るな」だと失敗する米炊き

――最後はいよいよ、焚き火での炊飯ですね。

何年間も焚き火で米炊きしている僕でも、いまだに失敗します。

まず、米は無洗米を勧めます。キャンプ場で米研ぐのが面倒だからです。それに、キャンプ場によっては、下水設備がなくて、炊事場の水をそのまま川に流しているところもあるんです。そういうところは油や洗剤が流せないですから。

――お米の研ぎ水も同様ですね。

そう。クッカーに無洗米を適量入れて、米から人差し指の第一関節まで水を注ぎます。あとは蓋をして、一五分から三〇分くらい米に水を吸わせるため、放っておきます。焚き火に載せるときはなるべく強火になるように、火力を上げる。しばらくすると、蓋のふちから水分が出てきます。その後、蓋が浮き上がるので、落ちている石ころを載せて押さえます。

あとは蓋のふちから水分が出てこなくなったところで、焚き火の火力が弱いところに移動させるんです。こういうときには、場合によっては厚手の革手袋が必要になってきます。

――あの、焚火の強火と弱火って、分けて作れるんですか？

蓋がパカパカと浮き上がってきたら、落ちている石や木などで蓋を押さえる。

たしかに、キャンプのテレビ番組とかで、一つの焚火台で火力を分けることができると紹介されることもありますよね。ただ、すごく大きな焚火台だったら、火力が左右で違うように薪を置くことは可能ですけど、ソロ用のコンパクトな焚火台だと、火力が変わるように薪を置くのは難しいんですよ。

あれ、料理にすごくこだわる人がやっているか、もしくは、テレビ的にやることがないから無理くりやっているか、だと思っています。

――あれは、やることがないから仕方なくやっているんですね（笑）。

僕はそう思っています。だいたいテレビに出るときにアンケートを書かされるんです。「焚き火テクはありますか？」という質問があって、僕ら出演者は答えなくちゃならないんです。そうやって無理やりひねり出したものを実行させられているだけだと思うんですよね。

自分は、そういった面倒くさいことはやらないですね。最初は強火で残りは弱火にしたいなら、最初から薪を入れすぎないようにする。薪を足さなければ、火力は勝手に落ちていきますから。

たとえば、焼き鳥を焚き火でじっくり焼きたいのだったら、焚き火を薪から炎が出ない熾火《おきび》の状態まで持っていき、それから火のすぐ上ではなくて少し距離を置いたところに焼き鳥を固定しておくとかですね。でも、僕も適当ですよ。

それに、火力調整にこだわるなら、焚き火を使わず、ガスストーブでやればいいですよね？

――元も子もないこといいますね（笑）。

でも、そういうことです。僕はアバウトにやっています。

あと、米炊きを失敗しないコツは、何度も蓋を開けて中身を確認することです。「赤子泣いても蓋取るな」っていうじゃないですか。昔はあれを守って米炊きしていたんですけど、焚き火は火力がその時々で違うから、中の状態が全然わからない。火にかけすぎたら焦げ付いちゃうし、弱すぎたら水っぽくなる。匂いを嗅《か》ぐ、とかいう人もいるけど、わからないですよ。焚き火の匂いなのか、米から出ている匂いなのか、区別がつきませんもん。

そこで、水が出てこなくなってからの仕上げ段階では、頻繁に中身を目で見て確認するようにしたんです。そうすると、失敗することが少なくなりました。

水分がいい具合に飛んでいて、お米の粒が立ってキラキラしていたら、あとは焚き火からどかして、地面に置いて、蒸らしておくんです。

――蒸らすのは何分くらいかかるんですかね？

一〇分から二〇分。蒸らしてからは蓋は開けないですよ。

ただ、お米って失敗したとき、本当にまずくて食えないじゃないですか。なので、最初のうちは、おにぎりとかレトルトご飯をリュックに忍ばせておくのがいいかもしれません。

僕が教えられるキャンプ料理は、こんなことぐらいです。参考になりましたか？

――はい。参考になりました。次章は、焚き火そのもののやり方について、うかがいたいです。

じゅうぶんに蒸らして完成したご飯。お米につやが出ていたら美味しく炊けた証拠。

第4章

火打ち石で色気ある焚き火を楽しむ

マッチやライターを使っても焚き火は難しい

——いよいよ、焚き火についてです。目指すのは、『ヒロシちゃんねる』でヒロシさんが披露している、チロチロと燃えている感じの焚き火を、自然の中で拾った薪でやることです。

激しく燃えている焚き火じゃなくて、薪が炎を上げずに、芯の部分が真っ赤に燃えている熾火の状態の焚き火にしたいんですね。しかも、キャンプ場で拾った薪でやりたいと。

——はい。着火方法も火打ち石を使った方法がいいのですが、これは難しそうなのはわかります。ということで、最初はマッチで始めてみたのですが、前章の通り、失敗してしまいました。

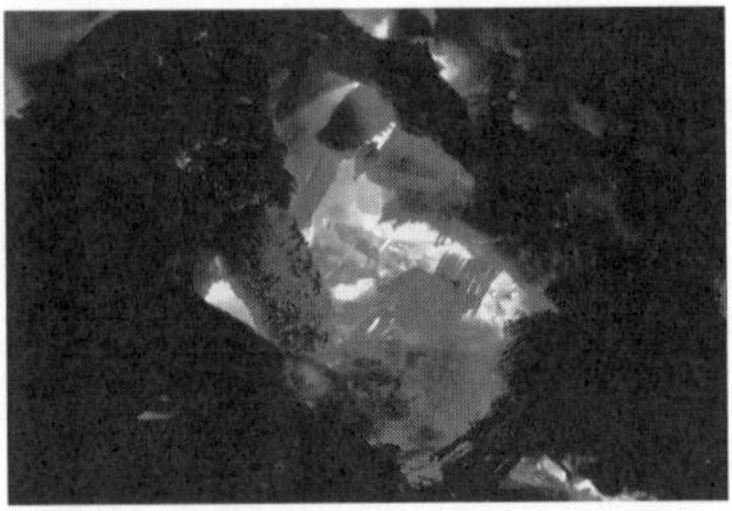

熾火となった焚き火。

まず、僕自身が勘違いしていた話を明かします。僕は、全人類、火なんて誰でもつけられるものだと思っていたんです。火打ち石を使って火をつけるのは難しいけど、マッチやライターがあれば誰でもつけられるだろうと思っていた気がします。

これは、自分が小さいときから焚き火をやっていて、コツがわかっていたからなんですよ。今はダメですけど、昔、僕が子どもの頃は、河原の近くで、子どもたちだけで集まって焚き火をしていたんです。大人から怒られることもなかったですし、そういう時代でした。

でも、河原で勝手に焚き火したらすぐに怒られる今の時代に、「焚き火のやり方なんて知らないよ」という人がたくさんいても、おかしくはないんですよね。

なので、焚き火をこれまでやったことがない人の多くは、たとえマッチやライターを使っても、うまく焚き火することができない、と気づいたんです。

――ライターでも難しいんですか？

ええ。実際、マッチを使っても火をつけられなかったんですよね。ということで、初めての焚き火で失敗した件について、改めて写真を見ながら振り返っていきますか。

「初めての焚き火」の失敗例

炭と着火剤を先に並べた状態。

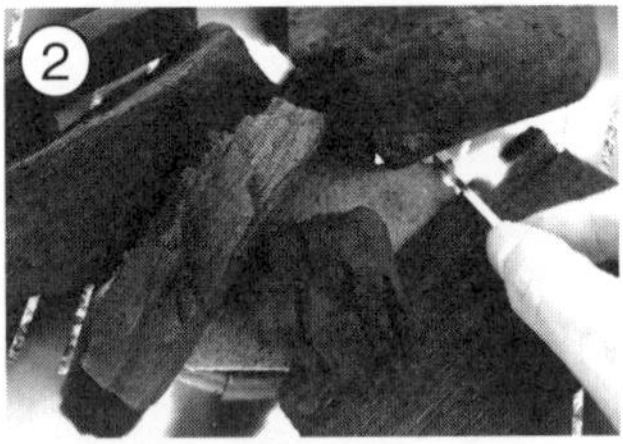

火のついたマッチを、焚火台の上に置いた着火剤にくっつける。

少しだけ着火剤が燃えるが、炭に燃え移る前にすぐに火が消えてしまった。

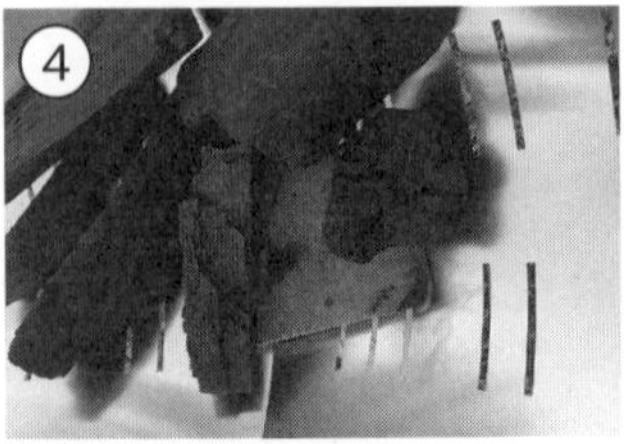

再度、着火剤に火をつける。

着火剤の火がついた場所に炭を載せるが、しばらくしたら、またも火が消えていた。

マッチをたくさん使い、着火剤に火をつけたが、肝心の炭に燃え移る前に、着火剤の火が消えてしまう。

大量に着火剤を投入したことで、なんとか薪にも火が移る。米と水を入れたメスティンを設置する。

炭の火が燃え広がらないので、火吹き棒で吹いてみるも、たいして効果なし。

米の水が温まらないので、固形燃料で炊くことに。うなぎを焼き始めるが、うなぎは手で摑めるくらい、熱が通らない。

固形燃料で炊き終わったお米。

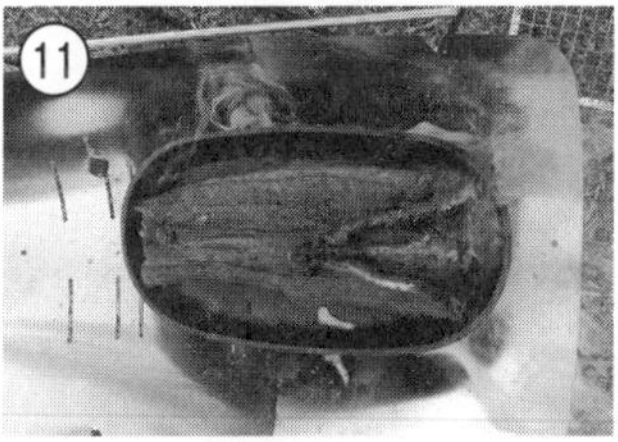

炭の上に直接ステーキプレートを置き、そこにうなぎを載せる。しばらくするとうなぎが焼ける音がする。

うなぎを切って、少し冷めたご飯に載せて、うな丼の完成。

まず、一六四頁の写真②なんですが、なんで、固形着火剤に火のついたマッチを上から近づけているんですか？

――え⁉　そこからダメなんですか？

誕生日ケーキに立てられたろうそくに火をつけるのに、お父さんがライターでささっとやっていた、みたいな光景を目撃している人は多いと思います。でも、どうやっていたか、あまり見ていない。だから、たばこを吸わない人って、誕生日ケーキにライターでうまく火をつけられないことがよくあるんです。火の特性を知らないと、やり方を間違えて、ライターの火で自分の指をあぶってしまうなんてことも。

あの、火ってどう燃えます？　たとえばこのマッチですが、こう横にしますよね。炎は上に向かって燃えますよね。

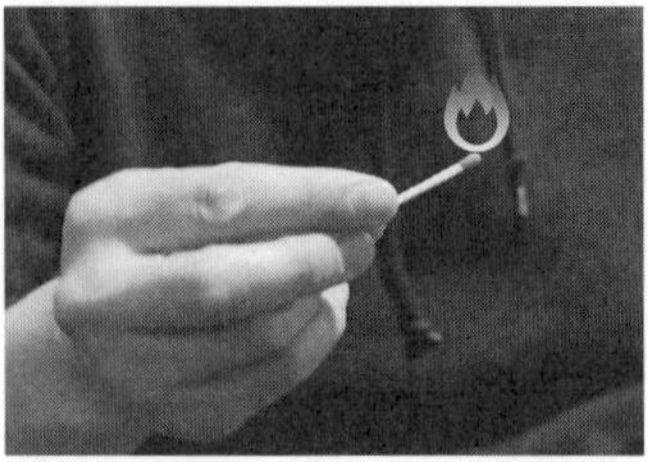
このように火は上に昇っていく。

――たしかに上に向かって燃えますね。

ターボライターでなければ、火は基本、上に向かうじゃないですか。写真②を見てください。焚火台に置いた固形着火剤の上から、火のついたマッチを近づけていますよね。写真をよく見ると、炎が上に昇ってきていて、着火剤に十分当たっていないんです。

――あっ……、たしかにマッチの先端の赤い部分は燃え尽きていて、炎の中心部分が指の近くに移っていますね。

炎が上に行くからです。その特性さえ知っていたら、固形着火剤を焚火台に置いて、上からマッチを近づけることはなかったと思います。

あくまで僕のやり方だと思って聞いてほしいんですが、火のついたマッチやライターを片手で持ったら、もう片方の手で固形着火剤を持って、上からそうっと炎に近づけます。

火傷に注意して、着火剤を近づける。

――ただ、そうやったら、炎がブワッと広がりませんか？

僕ならば、火傷防止のため、燃えにくい革の手袋をします。そして、固形着火剤に火がついても、すぐには焚火台に放り投げません。

それで火が着火剤の一部に着火したのを確認してから、焚火台に置き、そこに木炭を足します。

ただ、一点フォローしておくと、一〇〇円ショップで買ったという、木材の繊維質でできた固形の着火剤ですが、もしかすると、ちょっと湿気っていた可能性はありますね。もしくは、中に含んでいる油量がそもそも少なかったかもしれません。

――そこは自分のせいではない？

買ったばかりのものならば、そうですね。このタイプの固形着火剤を保管する際は、袋に入れるなどして、揮発性《きはっせい》の成分が飛んで乾燥しないようにしないといけないんです。

それと、有名な固形着火剤で、灯油を多く含んでいて非常に燃えやすい「文化たきつけ」というものがあるんです。それだと、写真②のようにマッチの火が少しついただけで

ホームセンターやキャンプ場でも売っている「文化たきつけ」。

も、着火剤に炎が移ります。保管状態のいい「文化たきつけ」を使っていれば、着火剤に炎をつけるところまではすんなり行ったと思います。

——わかりました。ただ、「文化たきつけ」でやっていたら、火の特性を知らないままだったので、そこはよかったです。

それで、着火剤にうまく火がついたら、今度はそれを薪、今回でいえば、木炭に火を移していくわけです。

それで、炎が上に向かって燃える特性を知っていたら、一六四頁の写真①の木炭の置き方はしなかったかもしれません。

——そこですが、最初は木炭を着火剤の横に広げて置いていたんです。でも、これだと着火剤に火がついても、木炭に火が移らなかったので、途中で「組み方が問題なのかもしれない」と思って、写真⑥では、下に着火剤を置いて、木炭を組み直しているんです。これでも、すぐには炎が移らなかったのですが、その後、固形着火剤を多めに入れたら、なんとか木炭に炎が移りました。

いきなり木炭につけるならば、たしかに固形着火剤も少量ではダメだと思います。ケチってしまったんですね。写真⑥を見ると、木炭を横に広げるんじゃなくて、着火剤の火がつぶれないように空間を取って上に組んでいます。だから、木炭に火がついたのだと思います。

――はい。着火剤に火をつけるのにも、その着火剤から薪に火をつけるのにも、炎はそもそも上に向かうものだ、という特性を知っておくことが大事だったんですね。

そうです。焚き火をするうえで最初に必要なことは、焚き火道具を揃える云々の前に、火の特性を知ることなんです。

ちなみに炭は、丸く成形しているものもありますけど、買ったのは少し長めの木材の形を残したものですよね。それを使うときは、木の繊維に沿って火が広がっていくことを覚えておくと、薪の置き方の参考になりますよ。たとえば、火のついた炭を立てて置く場合、火がついて赤くなった部分を下にすれば、木目に沿って火が上のほうに広がっていきます。

薪や木炭も組み方が重要です。

焚火台の選び方

――火の特性を覚えたら、焚き火のための道具を揃えたいのですが、最初に用意したほうがいいものはなんですか？

焚き火を地面の上でそのままやることを直火《じかび》というんです。でも、直火をやると、片付けないまま帰るとかのマナーが悪い人がいるとかで、近年は直火禁止のキャンプ場が増えてるらしいです。だから、ソロキャンプで焚き火をするなら、直火禁止のところでも焚き火ができるように、焚火台は買っておいたほうがいいです。

あと、芝生の上で焚き火をする際には、焚火台の下に燃えにくい素材（「耐炎繊維」や「ガラス繊維」など）でできた焚き火シートを敷く人もいます。ただ、そこまでして芝生の上で焚き火をしなくてもいいんじゃないかな、と思いますけど。僕は土の上や石ころの上など、燃えにくい地面を選びます。

ヒロシ愛用の「ピコグリル398」。公私で使っているため、ギアとして育ってきている。

――お勧めの焚火台はありますか？

僕が使っているのは「ピコグリル398」です。コンパクトに折りたたみができるし、多少太めの薪でもそのまま横に置くことができます。直火っぽい雰囲気を楽しめるのも気に入っていて、僕の中では焚火台の最終形だと思ってますね。

でも、一万四〇〇〇円もするんですよ。お金に余裕があればいいけど、「テントを買ったから焚火台は安く済ませたい」とかなら、もっと安いものを買えばいいと思います。好きな形や大きさのものを買えばいいんです。

昔はユニフレーム（日本のアウトドアブランド）のソロ用じゃない大きな四角い焚火台を使っていたこともあるんです。四〇〇〇円台で買いましたからピコグリルの三分の一くらいです。調理もしやすくて良かったんですけど、ソロでしかキャンプをしない僕には大きすぎると思って手放しました。家族やグループとかでもキャンプすることを考えれば、選択肢に入れてもいいと思います。

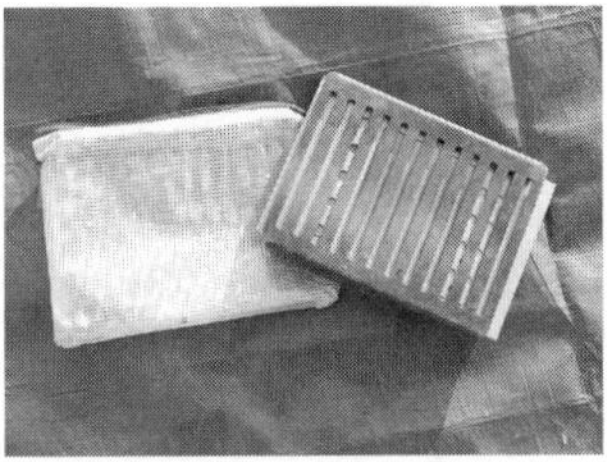

折りたたむと、文字通りB-6サイズになるのが面白い。

別売りの専用グリル台を上につければ、ひとり焼肉を楽しめる「B-6君」。

「ヒロシです…」の文字が浮かび上がる「B-6君」特製プレート。もちろん非売品。

ソロキャンプを本格的にやるようになってからは、僕は笑'S《しょうず》（日本のプレス加工会社・昭和プレスのアウトドアブランド）のコンパクト焚き火グリル「Ｂ－６君」のような小さくたためる焚火台にもいくつか手を出しました。Ｂ－６君は、折りたたむとその名の通りＢ６のサイズになるのですが、初めて見たときは衝撃的でしたね。その後、笑'S《しょうず》さんに、「ヒロシです…」のシルエットが浮かび上がる特別プレートまで作ってもらったんですよ。

焚火台は、ディスカウントストアやホームセンターに行けば二〇〇〇円くらいの値段で買えるものもあると思います。ああいうところも、今はキャンプ道具の品揃えがいい。家族向けの大きな焚火台だけじゃなくて、一人用の小さい焚火台も安く売っていますよ。

　別にキャンプ専門店じゃなくても、最初はそういう身近なところで売っている安いものでいいんです。安いからといって、だいたいのものは粗悪品とかではないですから。

　たとえば、阿諏訪くん（うしろシティ）なんかは、ピコグリルも持っているけど、それ以外にバンドックの「ロータスＢＤ－４９９」という五〇〇〇円で買える焚火台を持っていますよ。少ない薪をチロチロ燃やして、熾火を長時間見られるし、焚き火調理にも向いているのが気に入っているらしいです。焚火会の人のＹｏｕＴｕｂｅチャンネルを見て、参考にしてもいいと思います。皆、各々キャンプスタイルが違いますから。

キャンプ場にある竈。それぞれのキャンプサイトにあることもあるが、このようにまとめて設置しているところも多い。

――わかりました。ちなみに、キャンプ場に竈《かまど》が用意されているところもありますよね？

　竈があれば焚火台は不要だから、お金をかけなくて済みますね。竈って、火をかなり大きくしないと炊事に使えないことも多くて、ソロキャンパーにはあまり便利じゃないとは思いますが、火をつける練習をするには、竈でやってみるのもありです。ちなみに、一六五頁の写真⑨を見てほしいんですけど、木炭から食材までの距離が開きすぎですよね。だから、ご飯も炊けず、うなぎも加熱できなかったんだと思います。

――なるほど。竈でも木炭や薪が少ないと、食材までの距離が開きすぎて、加熱できない問題が出てくるんですね。

買った薪でも焚き火がうまくいかない理由

――焚火台の次に買うべきものはなんですかね？

火をつけるまでの成功体験をしたいのなら、薪も最初は買ったほうがいいでしょうね。市販のものだと針葉樹のスギがいちばん多いと思うけど、スギは燃えやすい反面、すぐ燃え尽きちゃうんですね。昼くらいから焚き火を始めるとしたら、一泊して朝も使うとなると一束では足りないと思います。一方、広葉樹のナラは、燃えにくいけど、一度ついたら火持ちがいいんです。今すぐに覚える必要はないですが、薪と一言でいっても種類がある

キャンプ場やキャンプ場近くのスーパー等には、このように束になって薪が売られている。

ことは覚えておいたほうがいいと思います。
キャンプ場で買うと一束六〇〇円くらいまでが良心的な値段ですね。ホームセンターや、キャンプ場近くのスーパーとかでも売っています。
ただ、薪を買ったとしても、最初にもいいましたが、誰でも火をつけられるわけではありません。固形着火剤とかの焚きつけ（薪などの主となる燃料に火をつけるために用いる、燃えやすい物）を燃やさず、薪にそのままライターやチャッカマンで火をつけようとしても、うまくいかないです。
初めての焚き火でやりがちなことは、いきなり太い薪に火をつけようとすることじゃないでしょうか。

——たしかに、それやっちゃいそうですね。

そこで、細い薪を作る作業が必要になります。バトニング（棒で刃物の背をたたく薪割り）といわれるものですね。薪割りというと、斧でやるイメージがあるかもしれませんが、キャ

グラデーションになるように薪を用意しておく。「全部細くしてもダメなので太くて長持ちする薪も残しておいてください」（ヒロシ）。

細い、中くらい、太いと大雑把にしか分けられていない薪。

ンプでは現地やキャンプ店で調達した薪を、さらにナイフとかで細く割っていくことをしなければなりません。

　薪の太さは、細い、中くらい、太いといった大雑把《おおざっぱ》な分け方じゃなくて、もっと細分化して、グラデーションになるように並べたほうが、焚き火が失敗しにくいと思います。僕は、着火する前に薪を徐々に太くなっていくように地面に並べちゃいます。細い薪に火がついてからバトニングをやるとなると、バトニングを終える前に燃え尽きちゃいますからね。最初に火をつける細い薪、その次につける少し細い薪、中くらいの薪、少し太めの薪、太めの薪と、グラデーション的に準備しておくといいです。

――そして、細いほうから順番に燃やしていく。

　そうそうそう。バトニングの目的は、火がつきやすい細い薪を十分に作ることです。このバトニングをサボると、焚き火の成功が遠ざかっていきます。

——バトニングするナイフはどういうものを用意すればいいですか？

ナイフの刃の金属部分が取っ手の端まで伸びている丈夫なフルタングナイフを使うのがベストですね。

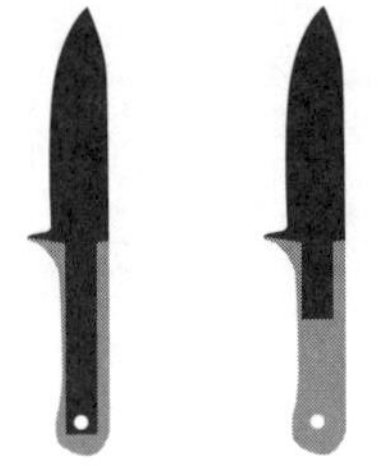

ハンドル部の先までタングが来ているフルタングナイフと、途中までしか来ていないハーフタングナイフ。

ナイフの刃をハンドルに取り付けるのに必要な部分をタングっていうのですが、ハンドル部の先までタングが来ているナイフです。先までタングが入っているから、丈夫なんです。

バトニングでは、ナイフを動かして薪を割るのではなく、薪にナイフを当てがって、別の薪でナイフの背を叩くことで打ち込んで、薪を押し広げるように割るんです。そのためには、折りたたみできるタイプのナイフじゃなくて、刃が薄すぎず、短かすぎず、丈夫なフルタングナイフが必要です。家庭の包丁や細い果物ナイフでやるのは、危険ですからやめてください。

ナイフじゃなくて斧でもいいけど、ナイフのほうが料理にも使えたりして便利ですから。

ナイフの背を、薪で叩いて割っていく。

「ナイフの刃の先じゃなくて、刃の根元で割っていくようにするのがポイントです」（ヒロシ）。

フルタングナイフは、キャンプ専門店で五〇〇〇円くらいから買えると思います。僕はプレゼントでもらったヘレの「ディディガルガル」を使っています。

あとは、薪をいじるための長めのトングや火ばさみも必要ですね。これは一〇〇円ショップでも売っています。

――ひと通り揃えるならば、マッチかライター、固形着火剤、革の手袋、焚火台、焚き火シート、薪、フルタングナイフ、トングか火ばさみですかね。革の手袋を軍手で代用すれば、焚火台、薪、フルタングナイフ以外は一〇〇円ショップとか家にあるものでいけそうですね。

ええ。無駄なお金は使わないように、一〇〇円ショップやディスカウントストアは、うまく活用しましょう。

空気の通り道を考えよう

あとは、薪の置き方ですね。ポイントは、十分な空気が入るように配置することです。初心者の人がやる失敗例の多くは、空気が入らないような置き方をしちゃうんですね。一六四頁の写真④と⑤を見るとわかるんですけど、④でせっかく火が少しついているのに、なんで上に木炭を置いちゃったんですか？

――火に接していたほうが、火が移りやすそうかな、と思ったからです。

隙間をちゃんと作らないといけないですよ。着火剤の上に直に置いたら、せっかくの火が消えてしまいます。火がついている部分に直に接触させず、そこから上がる炎に触れるくらいの距離を空けて、薪を追加していくんです。これは、細い薪でも同じ失敗をする人が多くて、せっかく火が移った細い薪の上に、太い薪を隙間なく載せちゃう人もいるんです。

以前、博多華丸《はかたはなまる》・大吉《だいきち》の華丸さんのテレビ番組に出させてもらって、キャンプをやったんです。そこで焚き火の火熾しをやろうということになりました。小さな火をつけた後に、火を大きくしようとそこにスギの葉を加えていたんです。

焚き火のことを知らないと、火がついているところに、そのままスギの枯葉《かれは》をポンと投げて載せたくなるんです。でも、雑に載せると、その反動でせっかくついている火が消えてしまいます。でも、華丸さんは、僕が教えていないのに、火がつぶれないようにちゃんと火が立ち上がっている先端に、スギの葉をそうっと持っていったんですよ。

華丸さんは僕より一つ年が上なので、「華丸さん、きっと小さい頃に焚き火をやっていたんだろうな」と思いました。要は、この世代は子どもの頃に焚き火遊びをやっているんですよ。本人に聞いていないからわからないですけど、昔は、子どもって火遊びしていたんです。

――火遊びをしていないと、たしかに、スギの枯葉を無造作に投げてしまうと思います。でないと、スギの葉に火が乗り移って熱そうだな、と想像しちゃいます。

手離すタイミングがわからないんですよね。僕は昔から火遊びばかりしていたから、その感覚がちょっとわからなかったんです。たしかに、火は怖いものですけど。

最新のテレビゲームをやっている子どもを見ていると、僕は「よくこんなの、できるよなぁ」と思いますが、あの子たちからすると、「なんでおじさんは、火打ち石で火が熾せるの？」なんでしょうね。

ちなみに、炎のいちばん高い温度は、根本じゃなくて、炎の上のところだから。華丸さんはそれを知っていたんだと思います。

——アルコールランプも炎の上のところが温度が高いというのを、小学校で習ったのを思い出しました。

それと、一六四頁の写真⑥と一六五頁の⑧を見ると、これ空気の通り道をちゃんと作っていたのか、微妙な気がします。熱を溜めつつ空気の出入り口を作るように組まないと、炎が大きくならないです。火がついた固形着火剤の上に薪を敷き詰めすぎると、失敗することもあります。

キャンプファイヤーで木を井桁《いげた》に組むじゃないですか。あれ、空気の通り道がちゃんとできていますよね？

キャンプファイヤー用に組まれた薪。井桁に組むと、外から空気が中に入り、さらに煙突効果で火が高く上がる。

――あぁ、あれはかっこつけているわけじゃなくて、理にかなった組み方なんですね。

そう。井桁に組むと自然と隙間ができますよね。だから、薪の組み方は大事なんです。薪を置く際は、常に空気の通り道、隙間を作っておくことを意識する。チロチロ燃える熾火になるまでは、油断できません。

――落ちている薪では難しいけど、売っている薪ならばかんたんだろうと思っていたのですが、そうじゃないことがわかりました。

薪は細いものから太いものまでグラデーションに用意すること、薪を組む際に空気の出入り口を作ること。焚き火を成功させるには、この二点がいちばん大事です。自然の中の枝や倒木で焚き火をする際にも、まったく同じ理論が当てはまります。

薪を買ったらゴールじゃないんです。子育てが子どもを産んだらゴールじゃないのと一緒ですよ。かといって構いすぎてもダメ。初心者の人がやりがちなのは、火が安定していないのにやたらとうちわで扇《あお》いだり、火吹き棒を吹いたりして、せっかくついていた炎を消してしまうことです。

　ほったらかしてもダメ、構いすぎてもダメって、焚き火は本当に子育てみたいなものですよ。ただ、僕、独身で子どももいないから、子育てがどういうのかわからないですけどね。

　ということで、まずは必要だと思うものを買ってから、やってみてください。

ファイヤースターターも一〇〇円ショップで手に入る

――実際、焚火台を使って、再度、焚き火をやってみました。調べてみると、薪は無料配布しているところもあるようですね。住んでいる地域の人限定の配布だったり、切ったばかりの木で薪として使うには数ヵ月間乾燥させる必要があったりと、手軽にソロキャンプをやるうえでは面倒だと思ったので、ホームセンターで買いました。三キロで一五〇〇円と、思ったより高かったですね。

　ええ。大人だったらそこはお金の力を借りていいと思います。ソロキャンプで使うくらいの量だったら、行く前日にホームセンターで買うか、あとは現地のキャンプ場に電話して売っているかを聞いて、そこで買えばいいでしょう。

――バトニングで細い薪を事前に用意しておく大切さもわかりました。焚き火自体はできたのですが、太い薪をどれくらい残しておけばいいかは、ちょっと摑めなかったです。

薪の使用量はキャンプスタイルにもよりますよ。最初は少し多めに薪を買っておいて、使わなかったら次のキャンプに取っておくとか、保管場所に困るなら、キャンプ場にお願いして返しちゃってもいいと思います。何度かやるうちに、自分の使う量がわかってきますよ。

ヒロシ愛用のファイヤースターター。

――次は、ヒロシさんも動画や番組で披露しているファイヤースターターや火打ち石を使っての着火に挑戦してみたいです。

ファイヤースターターでの着火はかっこよく見えるし、火打ち石よりもかんたんに火がつけられるから、初心者にもお勧めです。これは、マグネシウムやフェロセリウムなどの軟らかい金属でできた棒と、ストライカーという硬い金属で、火を熾す道具です。この棒をストライカーでこするように削ると、マグネシウムやフェロセリウムの粉が落ちますが、この粉は非常に火がつきやすく、火口（最初に着火させる対象物のこと）に火をつける材料になるんです。この粉を、ほどいた麻紐やティッシュなどの火口の上に載せ、そこに向けてストライカーをマグネシウムの棒と強めに摩擦させて火花を散らし、着火させます。

火をつけるときのポイントは、最初は素早く摩擦させずに、ゆっくりゴリゴリとマグネシウムの粉を削り落としてから、その粉末に向けてストライカーで火花を出す……ということなんですけど、実際は、ゴリゴリ削っている最中に火花が飛んでしまい、十分に粉がない火口に着火することもしばしばです。今いったことを全部忘れてもらって、何度もマグネシウムの棒をストライカーで摩擦していれば、それだけでも普通に火花が飛ぶので、それを火口に当てて着火してもいいです。

ナイフの背を当てて、マグネシウム棒を勢いよく引くと火花が出る。何より見た目がかっこいい。

ちなみに、マグネシウムの棒を削るストライカーは付属していることが多いですが、僕は角が立ったナイフの背の金属部分で摩擦して火をつけることもあります。こっちのほうが、見た目はかっこいいかもしれないです。ただ、刃には気をつけてください。

――これは、キャンプギア専門店で売っているんですか？

基本はそうですけど、ファイヤースターターなら一〇〇円ショップでも売っていますね。初めて一〇〇均で見たときは、びっくりしましたよ。しかも一〇〇均は、初めに火をつける火口に使える、麻縄のほどいたものまで売っていましたからね。麻縄自体一〇〇円ショップで売っているのに、ほどいたものまで売ってくれていたんです。

あと、火口の火を大きくして、細い薪に着火しやすくするための薄くした木や、火打ち石での着火に使うチャークロス（炭化した布）も一〇〇円ショップで売っていました。

つまり、火熾しキットは、一〇〇円ショップでも取り揃えられるんですよね。キャンプシーズンにならないと売っていないかもしれませんけど。

100円ショップで揃えた火熾しキット（左からオイルマッチ、ティンダーウッド、着火剤、ファイヤースターター、上が火吹き棒）。

——これからも新商品も出てくれば、販売終了するのも出てくるでしょうし、一〇〇円ショップのキャンプコーナーのチェックは必要ですね。

火打ち石の着火の仕組み

一方、火打ち金（火打ち鎌）と火打ち石のセットは、ＥＣサイトで探すと一五〇〇円くらいから買えると思います。

ヒロシ愛用の火打ち金（火打ち鎌）と火打ち石。

火打ち石の火花は、石から出ていると思われがちだけど、火打ち金から出ているんです。金属のほうが石の硬度に負けて削れて、それが摩擦熱で火花になるらしいです。そのため、石は硬くて角が尖っている必要があって、売っているものだとメノウ石が多いです。軟らかい石だと、火打ち金の硬さに負けて割れてしまうので、火花が出ません。極端にいえば世界一硬い石であるダイヤモンドでやればいいんでしょうけど、そんなことできないじゃないですか。河原で硬い石を拾って試したりすると、火花が出るものもあります。

――火打ち金の一瞬の火花がチャークロスにつくだけで、燃え始めるのですか？

ええ。普通のTシャツに火打ち石の火花がついても燃えることはないだろうけど、チャークロスは炭化した布ですからね。「いつでも燃えられるよ」という状態の布なんです。火花がつけば、そこからゆっくり燃え広がる。ただ、火打ち石で火を熾すのは初めてだと難しいですよ。

――先ほどうかがったファイヤースターターの着火の際も、チャークロスに着火させてもいいんですか？

いいですけど、ファイヤースターターの火花は火打ち石の何倍も大きいので、麻縄をほどいたものとかでも、火がつきますからね。火打ち石の小さな火花だと、麻縄やティッシュペーパーには着火できないはずです。

それと、チャークロスは自分でも作れます。まずはスチール缶を用意してもらって、缶の真ん中にナイフやキリで小さい穴を開けるんです。スチール缶も一〇〇円ショップにあ

チャークロスの作り方

STEP① あらかじめ小さな穴を開けておいた缶の中に、綿100%の着古したTシャツを切って隙間なく詰め込む。

STEP② 缶に蓋をして、焚き火に載せる。

STEP③ しばらくすると、開けた小さい穴から細い炎が立ち上がるが放っておく。

STEP④ 細い炎が立ち上がらなくなったら、炭化した合図。火ばさみで焚き火から缶を出す。

STEP⑤ 十分冷ましてから、蓋を開ければ完成。すぐに蓋を開けると、炭化した布が燃えるから注意。

りますから。

――アルミ製の缶でもいいんですか？

蓋ができるなら構わないですけど、アルミは熱に弱いので、繰り返し使えないかもしれません。

火打ち石の着火のポイントとは？

――ファイヤースターターと火打ち石の着火、どちらも挑戦してみました。ファイヤースターターのほうは、ほぐした麻縄でも燃やすことができました。それに麻縄はすぐ燃え尽きちゃうので、その火を成長させるために、めちゃくちゃ細い薪が必要なこともわかりました。

そうですね。最初に着火させる火口の麻縄の量を多くするやり方もあるけど、炎を育て始める焚きつけの素材よりは燃える時間が短いですから。細い薪といったけど、キャンプ

売っている薪で作ったフェザースティック。

場に枯葉やスギの葉、細い枝が落ちていたら、それも焚きつけに使えますから、事前に用意しておいたほうがいいです。

それと、ナイフでフェザースティックというものを作る方法もあります。薪の表面をナイフで薄く削ると、自然と削ったものがカールしていき、鳥の羽根のようになるんです。傘が開いている松ぼっくりは火がつきやすく、よい焚きつけになるのですが、それと同じようなものをナイフで作るんです。

ただ、初めのうちは麻縄を燃やしたら、その火で「文化たきつけ」などの固形着火剤を燃やしてもいいと思います。結局、雰囲気を楽しむだけですからね。

火打ち石での着火はどうでしたか？

――こちらは、着火すらできませんでした。よくわからないのが、右手に火打ち金を持って、左手に火打ち石とチャークロスを持ちますよね。火口となるチャークロスを石のどこに置いたらいいのか、わからないです。火打ち金から出る火花なんて一瞬だから、それが飛ぶ方向にチャークロスを置きたいのですが……。あと火打ち石のどこらへんを火打ち金

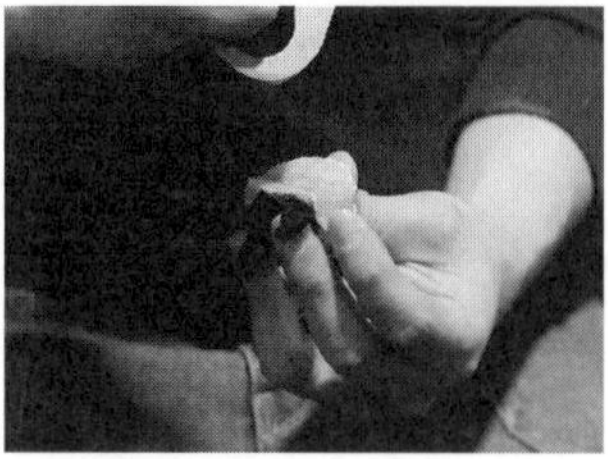

火打ち石の下にチャークロスを置く。

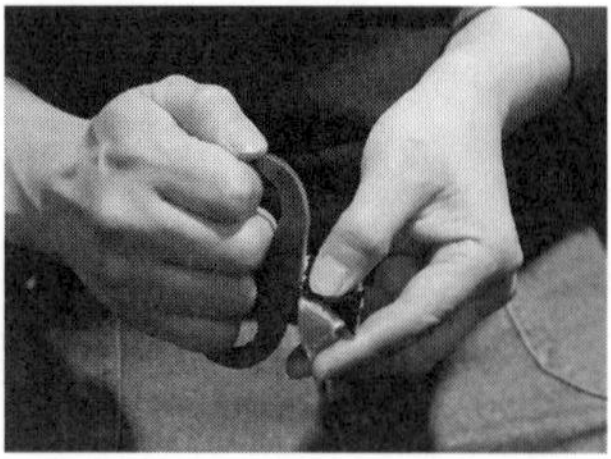

火打ち石の上にチャークロスを置く。
ヒロシのやり方はこちら。

に打ちつければ火花が出やすいかも教えてほしいです。

火花を出すことができれば、着火はできるはずです。チャークロスの置き方はいろいろあります。僕が初めに習ったのは、数年前に新宿の公園でアウトドアフェスをやっていたとき。出店の人から、左手に火打ち石を持って、その上にチャークロスを置くといいと聞きました。

ただ、チャークロスを火打ち石の下に置く人もいるんです。一度、上下どちらもやってみて、自分に合いそうなほうでいいと思いますよ。

火打ち石の側に問題があるのだとすれば、まずは尖っているかどうかです。火打ち金で火打ち石を叩くとき、火打ち石の尖ったところにぶつけるようにすると、火打ち金が削られやすいのか、よく火花が出ます。

もし尖った部分がなければ、落ちている石で堅くて尖っているものを探すか、それがなければ大きな石を火打ち石に落として割り、その角を使うとかです。

それと、火打ち石は、ある程度大きいもののほうがやりやすいです。小さいと火打ち金を打ちつけた際、自分の指を打ってしまうんじゃないかと怖くなりますからね。

あとはチャークロス側の問題も考えられます。チャークロスがあまりに薄いと着火しづらいんです。一度、一〇〇円ショップの薄いバンダナをチャークロスの材料にしたんですけど、薄すぎて火がつきづらく、着火してもすぐに消えてしまいました。薄いと、石の上に置いた途端にボロボロ崩れたりもしますから。

火打ち石の下に置き、着火に成功したチャークロス。着火したチャークロスの火は意外に消えにくかった。

チャークロスになるボロ布は、少し贅沢にする。着古した厚手のTシャツなんかは最高ですよ。たとえばグアム旅行帰りの知り合いが、「I LOVE GUAM」と書かれた普段着るには恥ずかしいTシャツをお土産に買ってくるようなことがあるじゃないですか？　あれ、すごくいいチャークロスになるんですよ。

それって罪悪感を感じるかもだけど、本人たちだって、別に現地で浮かれて買った、たいして考えて選んでもいないお土産でしょう？　そういえば、知らないアイドルから自己紹介のときにもらったTシャツも、いいチャークロスになりました。

――わかりました。火打ち石の形とサイズ、チャークロスの厚さも確認して、そこに気をつけてやってみたいと思います。

「乾いたいい薪」なんて落ちていない

――次はヒロシさんがやられているように、キャンプ場で落ちている倒木や枝だけを使って焚き火する方法にトライしたいです。

自然の薪を使うのも、買う薪の用意の仕方と一緒ですよ。

先に忠告しておくと、「薪を拾う際には、乾いた薪を拾おう」というアドバイスをよく見るんだけど、乾いたいい薪なんて、キャンプ場の管理人や先客が先に拾っているので、現地では手に入らないことも多いんです。僕なんかは、他人が拾わないような湿った薪とかも拾います。

ここでもいちばん重要なのは、細い枝をたくさん拾うこと。要は、これさえ燃えてくれれば、徐々に太い薪を燃やしていくことができるじゃないですか。そうすれば、最終的に湿っている太い薪も、燃やせます。

――湿っている木を燃やすと、火持ちが良くなったりするんですか？

火持ちは関係ありません。湿っていると燃えづらいから、火がつくまで時間がかかるだけです。乾いている薪のほうがもちろんいいですよ。湿っていると煙も出ますし。

不安だったらターボ付きライターを持っていくことですかね。パリピの人のバーベキューだと、だいたいターボライターをずっと炭とかに当てているでしょ？　ずっと火を当てていればいつかは燃えますから。炭を置いて、ターボライターを当てれば熾火みたいなものも作れます。僕はそれは美しくないなと思っちゃいますけど。

それと、薪を売っているキャンプ場の中には、倒木を拾っちゃダメなところもあるんです。拾っていると管理人に怒られますから、確認したほうがいいです。

――ヒロシさん、キャンプ番組でたまに木の棒にライターで火をつけていますよね？　あれをやりたいのと、白樺《しらかば》の木から皮をナイフで削《そ》いで火口にすることにも挑戦したいです。

白樺の皮をゲットしたヒロシ。

松ヤニを含む燃えやすい着火剤・ファットウッド。

自然の着火剤ですね。あの棒はファッドウッドといって松ヤニがつまった松の木です。脂が多く含まれているから、いい着火剤になるんです。松ヤニは、松の倒木の幹部分に溜まっていることがあります。それを見つけたら、ナイフやのこぎりで削り取っておくんです。

白樺の皮も倒木から取ります。ただ、着火すると一瞬で燃え尽きちゃいますから、すぐに火がつけられる細い枝を集めることが重要になるんです。

自作のチャークロスとかにしてもそうですよね。そこから炎を育てるもの、たとえば乾いた落ち葉やスギの葉や細い枯枝などを、十分に用意しておかないとならないです。

――「ちゃんと準備しろ」ってことですか？

そうそう！　準備がすべてですね。枝だって、薪をバトニ

野斬鋸展開後。「野斬鋸は在庫切れも多くて、高額転売されています。正規ルート以外で買うのは勧めません」（ヒロシ）。

神沢精工株式会社とNO.164がコラボした「野斬鋸」（240mm）の展開前。

ングするときと同様、グラデーションでさまざまな太さを用意したほうがいいです。

太すぎる倒木しか用意できなかったら、それをのこぎりで切ってから、ナイフでバトニングする。僕は神沢《かんざわ》精工の「サムライ騎士《きし》」というのこぎりを使っていました。これ、刃がカーブしているでしょ？　枝に効率的に刃が当たって、ザクザク切れていくんです。取っ手の赤色が目立って、あまり個人的には好きなカラーじゃなかったんです。今は、僕のアウトドアブランドのＮＯ・１６４と神沢精工がコラボした、取っ手がベージュ色の「野斬《やぎり》鋸《のこ》」を使っています。

話を戻すと、僕の『ヒロシちゃんねる』とかキャンプ番組とかだと、一瞬で火をつけていると思うかもしれないけど、薪拾いとかバトニングとかの地味な準備を見えないところでもしているんです。

焚き火をするとなると、やることがたくさんあって、時間があり余るということがなくなるんですよ。それが楽しいことでもあるのですけど。

本当は危ない「たきびだ　たきびだ　おちばたき」

僕、小学生のとき、サバイバルの仕方が書いてあった本をよく読んでいたんですよ。それによると、新聞紙の端に火をつけたら、すぐに燃え尽きちゃうけど、雑巾を絞るみたいに新聞紙をぎゅっと棒状に絞って火をつけると、火持ちが良くなると書いてあったんです。子どもの頃は、新聞紙を焚きつけにしていましたね。

――その原体験があるんですね。自分は子どもの頃にライターとかマッチで火をつけて遊んでいたら怒られた記憶しかありません。火のイメージが、怖いもの、触っちゃいけないものって、刷り込まれている気がします。

たしかに、小学生だと危ないです。

あと、火が危ない話をしたから、ついでにいっておきたいことで、有名な童謡の「たきび」に、「たきびだ　たきびだ　おちばたき」って歌詞があるじゃないですか？　でも、落ち葉焚きって、風が強いときにやったらマズイわけですよ。枯葉を集めて焚き火をした場合、風が強く吹けば、火の粉が飛び散りますから。古い木造住宅とかの近くだと、最悪、火事になる可能性があります。
　焚き火で大事なのは、太い薪で熾火の状態に持っていくことなんです。それだったら、多少風が吹いても、火事になるほど火の粉が飛び散るなんてことはなくなりますから。

——キャンプ場でも枯葉は使わないほうがいいですか？

　僕は焚きつけにしか使わないですね。たまにキャンプ場で、熾火の上に枯葉を載せているのを見かけるけど、危ないと思います。枯葉を載せるなら、風で飛ばないように上から薪など何かを載せないと。こういった注意事項っていっぱいあるんですけど、僕が全部警告することなんてできません。ちゃんと各々の経験や知識で学んでいくしかないんです。

成功の前には兆しがある

あと焚き火をする際、火ばさみにも凝ってみたり、火吹き棒を使ったりするのも面白いかもしれません。

燃えている薪を移動させたり、焚き火の中で焼き芋を焼いたりするには、火ばさみが必要ですからね。パンを挟むトングみたいに短いものだと、熱いじゃないですか。だからちょっと長めのトングや火ばさみを用意して、それで薪をいじったりするひとときも楽しいですよ。

僕が使っているのはテオゴニアの火ばさみです。これ、取っ手が握りやすいんですよ。ただ、長めの火ばさみは一〇〇円ショップでも売っていますので、お金をかけたくなければそれでいいと思います。

火吹き棒は、別になくてもいいんですけど、熾火になった薪に息を吹きかけると、赤く燃え上がって炎の勢いが強まったりするんですよね。それを見ているだけでも楽しいです。焚き火している時間を楽しむ道具の一つです。

――あと、丸太をそのまま焚き火に使うスウェーデントーチにも、いつか挑戦したいなと思っています。

あれは、難易度でいえば、落ちている枝や倒木を拾ってやるよりも難しくないですよ。

ちなみに、「スウェーデントーチ」ってECサイトで検索すれば、切れ目を入れてくれているスウェーデントーチ用の丸太も販売されています。

ただし、やる場所は注意です。スウェーデントーチは、最終的に燃え尽きると直火になりますよね？　だから直火オーケーのキャンプ場でしか、できないんですよ。焚火台の上でやる人もいるかもしれないけど、それではスウェーデントーチの魅力が半減しちゃいます。

ヒロシ愛用のテオゴニアの火ばさみ「ファイヤープレーストング」。「薪が摑みやすいし、地面に置いてあるだけでかっこいいんですよね」（ヒロシ）。

——たしかに燃え尽きると地面での直火になりますね。直火って、焚火台を使うよりも難しいんですか？

空気が通るようにしないといけないとなると、空気の通り道を考えて作られている焚火台よりは、少し難しいかもしれません。ただ、直火も焚火台も、基本は変わらないです。

僕、一応芸人じゃないですか。若いときに、「あ〜、目が覚めたら売れててくれないかな！」って何度も思ったことがあるんです。でも、そんなことはないんです。売れるときって、たとえばお笑いライブで徐々に観客にウケるようになっていって、そこからテレビ番組で小さな仕事をもらえるようになって、認知度が高まった際に、いろいろなところから一気に声がかかるようになる、とかなんですね。傍目には「急にブレイク」って見えているけど、その前に段階的に成功している時期があるんです。それが実を結んでいるだけなんですよ。

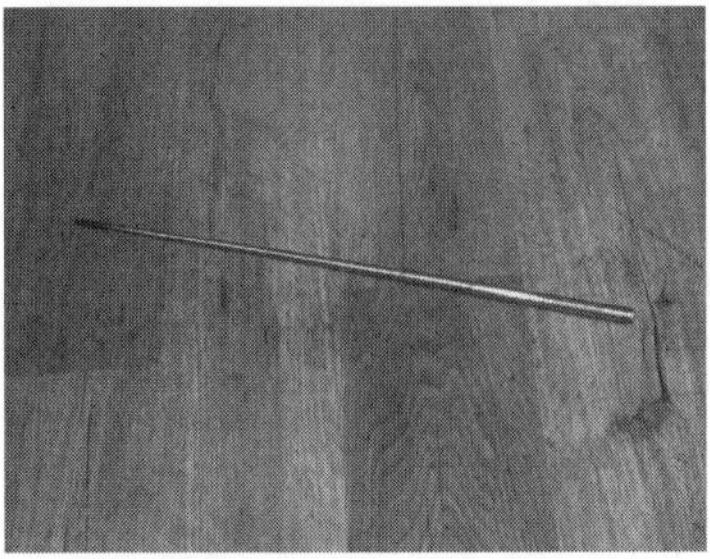

ヒロシ愛用の火吹き棒マックスブースト。

スウェーデントーチ。鍋やフライパンをゴトクなしにそのまま載せられるのは便利。

ヒロシがスウェーデントーチでお湯を沸かしている様子。

――積み上げていたものがあると。

そう。僕も「一発屋」って長年いわれてきたけど、十数年の下積みがあったから、当てられたんです。キャンプで再度ブレイクした、とかいわれているけど、これだって数年間、積み重ねてきて徐々に注目されただけですから。一発逆転みたいな、都合のいいヒットは、なかなかないんです。

焚き火もまったく同じです。そういう意味では、イメージ通りの焚き火って、ちゃんと準備していかなければできません。物事には順序ってありますから。最初から階段を何段も飛ばそうとしないほうが、結果的に成功できると思います。

――ヒロシさんからいわれると、説得力ありますね。

焚き火も芸人もお尻の穴も

――話を聞いていると、焚き火の場所選びも重要ですね。

難しいですよね。ただ、大事なのはキャンプ場や他の客に迷惑をかけないことと、火事にならないこと。火がつくかどうかは二の次の話です。だって「なんでこんなに火がつかないの」っていう経験は、楽しかったでしょ？

――そういわれれば、ファイヤースターターで何度もトライしたり、火打ち石がつかなかったこととかは、印象に残っています。

キャンプ嫌いな人はそこでやめるけど、「なんでうまくいかなかったのかなぁ？」と考えて次に挑む人は、もうソロキャンプの面白さに気づいているんです。「あぁ、こうやってやったらうまくいくのか⁉」という新たな発見があると楽しいですよね。

たとえば、僕、高校生のときに初めてギターを握ったんですけど、いまだに弾けません。ベースはちょっと弾けるけど、うまくはないんです。なんでかといえば、何かしらの壁を乗り越えていないんでしょうね。きっとプロはそれを乗り越えている人なんです。火つけも同じ気がします。

――ギターでいえば、「Fコードがうまく弾けない」とかですよね。ソロキャンプだとそれが焚き火なのかもしれません。

いきなり火打ち石で火をつけたいといっても、それはベースの演奏でピックを使わずにいきなり指でチョッパー弾くのと同じですよ。練習した結果、ピックで弾いて、普通の指弾きを通ってから、最後にチョッパーを弾けるようになるわけだから。ちなみに、僕、指弾きもチョッパーもできないですよ。ピックでしか弾けません。

アブノーマルプレイでもそうでしょ？　いきなりお尻の穴にぶっといものは入れられないってことです。細いのから、徐々に太くしていく。なんでも段階を踏むのが重要です。いきなり太いの入れようとするから、ダメなんです。小指から始めるわけです。

——何の話をしてるんですか？

いきなり成功は無理ってことですね。焚き火も、芸人も、お尻の穴も。

——なるほど。すぐ成功したいというのは童貞っぽい発想ってことですね。

そう。童貞くさい焚き火はダメですよね。でも一回失敗しても、次から優しくできればいいんです。「小指からだよね？　ほら、痛くないよね？　次は中指だよね」って。「細い枝からだよね。ほら、火がついたよね？　次は少しだけ太い枝だよ」って、優しく焚き火に接する。そういうプレイボーイになった気持ちで、焚き火に挑むと、成功すると思います。

盆栽としてのソロキャンプ、焚き火

さらに話を脱線させて申し訳ないんですけど、エロビデオを見ていると、大人のおもちゃが出てくるときがありますよね？　僕、あれ見ると、イラッとするんですよ。「いやいや、お前、手があるだろ」と。要はセックスっていう人の営みに、人工物を安易に持ち込むな、と思うんです。僕が焚き火に人工の着火剤を使うのを毛嫌いするのも、その感覚と一緒です。

おもちゃでさんざん喜ばしたところで、自分の力じゃないわけですよ。なので、理想の着火方法は、そこらへんに落ちている木の棒を使って、土台の木をグリグリこすって摩擦で着火させることなんですよね。

――そういえば、前に、番組か何かで、火熾し機を作られていましたよね？

うん。火熾し機も市販のものだと、けっこうかんたんに火がつきます。でも、自然の中で調達するとなると、棒となる木も下に敷く板も、ちょうどいいものは、なかなか落ちていません。

なるべく自然のものを使って着火したいという思いがあるから火打ち石を使っているだけですね。

――虫眼鏡とか使って火を熾すとかもできそうですね。

ただ、虫眼鏡で熾した小さな火はすぐに消えるから、さっきもいったように、火口や火を成長させるためのスギの葉とか細い枝といった焚きつけを事前に準備しないといけないのは変わりません。

火は生きていますからね。自分の思いをぶつけるだけでは無理で、ちゃんと火のご機嫌をうかがいながら、やらないといけません。火もいうことを聞かなくなるときがあるから、火とうまく対話しながら、調整していかなくちゃなりません。
だから、焚き火のやり方を教えるのは難しいんです。キャンプファイヤーのように、でかい火を熾すのとは違う難しさがありますから。でかい炎もあれはあれでいいんだけど、僕はどちらかというと、盆栽みたいな感覚で焚き火をやっています。

――盆栽ですか？

熾火のじっくりしたエロさ。いかに小さく、コンパクトにまとめられるか。でも火の熱を肌で感じられるようにはしたい、と。一方、調理をする際は火力を出すために、もっと育てるようにしますし。
ちなみに、今、家に盆栽もあるんです。

――もう侘《わ》び寂《さ》びの世界ですね。

僕の中では、焚き火は完全に侘び寂びです。だって、川沿いとかでキャンプやりますけど、川沿いの景色って、リアル盆栽じゃないですか。目の前に川があって、その先に岩肌や木々が見えて、その手前で焚き火を楽しむわけでしょ？

——はい。ヒロシさん、キャンプ番組で「趣《おもむき》がある」という表現をたまに使われますけど、盆栽的な表現ですね。

うん、テントサイトから見える景色とか、あとはそのテントも入れたうえで、引いたところから全体を見て、趣があるかどうか、とかを気にしています。『ヒロシちゃんねる』も、盆栽を見てもらうつもりでやっているようなもんですから。千利休《せんのりきゅう》だって、現代に生きていたら、ＹｏｕＴｕｂｅをやっていたと思いますし。

——たしかに、千利休は今でいうところのインフルエンサーですね。

千利休はお茶という特技があって、いろいろな偉い人と会ったりしたわけでしょ？　僕、ＢＵＣＫ－ＴＩＣＫの櫻井《さくらい》

盆栽的な場所にキャンプサイトを構える
ヒロシ。

敦司《あつし》さんと番組で対談したのが昨今のいちばん嬉しかったことなんですけど、あれだって、僕がキャンプを長くやっていて、それが認められたから、実現できたことなんです。

僕はたまたまＹｏｕＴｕｂｅがあったから動画をやっているけど、二、三〇年前だったら、盆栽とかお茶とかをがっつりやっていた可能性があるかな、と思います。

焚き火に必須の共通スキルとは？

最後だから、まとめに入ると、結局、マッチでも、すこし経てば火は消える。消えてしまう前に、そこから炎を育てなければなりません。ちょっとずつ大きくしていくスキルがないと、マッチでもファイヤースターターでも火打ち石でも、結局うまくいかないんです。焚火台を使おうが、直火でやろうが、そのスキルが必要になってきます。

それが面倒だったら、ターボライターで火をずっと当てて、無理くりに燃やせばいいですよね。

――少しずつ火を育てていくスキルは、すべての焚き火において必須スキルなんですね。

そう。火打ち石は小さな火花がチャークロスに飛ぶ瞬間に火をつけて、そのほとんど点でしかない火を、徐々に育てていかなければならないんです。僕は原始的な焚き火をする自分に酔うのが好きだから、火打ち石でつけています。

でも、たとえば昔のアメリカのマッチとかを手に入れたら、それでやってみたくなると思いますよ。焚火会のじゅんいちさんは、ライターでしか火熾しやらないと公言していますからね。そこに興味がないらしいです。

焚き火のやり方だって、人それぞれです。キャンプ道具と同様、僕の真似をする必要はない。ぜひやりたいように焚き火を楽しんでほしいです。

第5章

「脱ドームテント」で自然ともっと戯れる

晩秋にひとり時間を楽しむパップテント

――本章では、初めて買った便利なドームテントからの脱却をテーマにして、ソロキャンプのレベルを一歩進めるポイントについて教えていただきたいです。そもそも、最初にドームテントを買うのは、間違いではないんですよね?

ドームテントは、夏の虫や冬の風を防ぎやすいし、設営もかんたんなものが多いですよね。最初に買うテントは、とくにこだわりがないのであればドームテントでいいと思います。僕も二〇二一年に、コールマンの「ツーリングドーム」のAmazon限定カラーを買い足しました。

でも、ドームテントで何回か一泊してみるとして、それを繰り返していくと、この鉄壁の守りであるドームテントに違和感を覚えてくる。「せっかく自然の中にいるのに、テントにいると、自然をダイレクトに感じにくいな」と。だんだんと「テントの中にいるときでも、もっと自然を直に感じたい」という欲が出てくるものなんです。

そこで、お金に余裕ができたら、もう少し開放的なテントに挑戦してみようと考えるんですね。その候補の一つが、パップテント（軍幕の一種）です。僕が使っているのは、本物の軍人が野営で使う軍幕の払い下げ品です。

晩秋や初冬にパップテントを張り、入り口部分を跳ね上げ、ポールで固定して日除けを作る。そこの下に座って、焚き火をする。最高のひとり時間ですよ。

パップテントは、床に生地がなくて、地面がそのまま床になる。だから、蟻《あり》などの小さな虫も入ってきちゃうし、あまり快適ではありません。それに、僕が使っているのは綿（コットン）でできていて、化学繊維でできているものに比べて、すごく重いんですよ。

でも、このパップテントでソロキャンプすると、ドームテントにはない〝萌え要素〟を感じられるんです。

ヒロシのパップテント。「2017年の秋にオークションサイトで、ところどころ小さな穴が空いている中古品を買ったんだよね」（ヒロシ）。

――どこが萌えるんですか？

軍の野営テントは、目立って敵に見つかったら危険なので、自然に溶け込むように作られているんです。だから主なカラーがカーキ色や砂漠色（サンド）や迷彩色です。テントって、軽量化している山登り用がそうなんですけど、えげつない派手な色をしていることが多いんですね。あれは、山の中で遭難したときを考えて、明るい色で作られているからです。自然に溶け込んだら、いざというときの捜索も、しにくくなりますよね。

でも、キャンプ場で、その派手なテントを使うと自然に溶け込めない。キャンプ場だから、遭難する危険も少ないでしょうし。

あと、床がむき出しの土といいましたが、これだけでも、テントの中で自然を感じられるんですね。このパップテントの中で横になるときに使われるのは、コットという、外で使う簡易ベッドです。コットの上に寝ると、寝床が地面に触れないから体熱を奪われることも防げるし、テントの中に虫が這ってきても触れる危険を少なくすることができます。

ただ、コットだけだと、地面とコットの間に風が通る。夏はこれが快適なんですけど、冬だと、この風が寒いんです。寒いときは、コットの上にエアマットといって、空気で膨らませるマットを敷いて寝ます。破れちゃうと補修しなければならないのが難点ですけど、ダクトテープ（手で切れる強度の高い粘着テープ）を持っていけば現地でも補修できます。エアマットは、地面に

簡易ベッドのコット。

クッション性が高く、たたむとコンパクトにもなるエアマット。

コットの上にエアマット、下にクローズドセルマットを敷くと防寒対策になる。

触れないだけじゃなくて、自分の体温で徐々にエアマットの中の空気が温まる感覚もありますね。

それでも寒ければ、コットの下にクローズドセルマットを敷いて、地表から伝わってくる寒さをブロックすることもあります。

——たしかに、パップテントの中に入って、コットの上で寝っ転がって本とか読むのも、気持ち良さそうですね。

そうそう。ただ、虫の問題もあって、春・夏は個人的にはお勧めできません。晩秋以降や、まだ寒さが残る早春とかに、完全に乾燥している地面でやると、すごくいいんです。

僕がパップテントを初めて使ったのは、天気予報で現地が氷点下三度になるといわれていた晩秋でした。冬用の寝袋に潜って、その上からウールブランケットを被せて、一夜を過ごしました。

猫とヒロシ。

パップテントの周りに落ち葉を敷き詰めると趣も増す。

落ちきった枯葉が豊富にあるときは、テントを立てた後に、テントと地面の間の隙間を、地面に落ちている落ち葉で埋めて敷き詰めていくことをよくやります。

こうすると、テントの下からの隙間風が防げて、テント内が暖かくなる。これ、キャンプ番組『ヒロシのぼっちキャンプ』（BS-TBS）で披露したら、テントの中にキャンプ場で飼っていた猫が入って、寝始めたんです。猫は寒さに弱いからね。すごく暖かいってことですよ。

あと、先ほどコットの下にマットを敷くといいましたが、テントの周りを落ち葉で敷き詰めた際は、コットの下にも枯葉を敷くことがあります。これだけでも少し暖かくなるんです。

——落ち葉がテントの周りを囲んでいるビジュアル自体、ぐっとくるものがありますね。

わかってきたじゃないですか。正直、暖かさ云々は置いておいて、テントの周りを落ち葉で敷き詰める行為と、落ち葉を敷き詰めた状態のテントの見栄えが、萌え要素、高いんですよ。コットン製の軍幕の渋い雰囲気は、化繊のドームテントだと、なかなか出せないです。

こういうちょっとした工夫やかっこつけをしていくこと自体が、僕にとってのソロキャンプの醍醐味なんです。その楽しさを味わうと、一気に深みにハマっていきますよ。

ソロキャンプをしていると、「あぁ、次はこんなことがやりたいな」という気持ちが湧いてくるんです。それがキャンプ道具の買い替えどきですね。

「自分のスタイルに合わないな」と思ったら、今はフリマアプリやオークションサイトですぐに売れるんです。だから、昔よりは買い替えもしやすい。キャンプブームだから、中古でもけっこういい値段で売れますよ。

パップテントは昨今人気で、Ａｍａｚｏｎとかのネットショップでも軍幕に似せたテントが一万円以内で売っています。生地も重いコットンじゃなくて、軽くて防水機能の高い化学繊維のものがあるし、床に生地があるのも出ている。これだと、コットなしで、そのまま寝そべったり座ったりすることができます。こういうテントなら、初めて買う一つ目のテントとしても、悪くないかもしれません。

でも、化学繊維のパップ風テントなんだったら、普通のドームテントでいいんじゃないかな、と僕は思います。本物のコットン製の軍幕は、風情が違うんです。

――コットンだと、一泊して帰るときに、テントがまだ夜露で湿ったまま、なんてことはないんですか？

コットンって水を含んで重くなるので、乾きづらく見えますけど、日が昇ると、その熱で意外に早く乾くんですよ。

――軍の払い下げ品って、どこで買うんですか？

アーミーショップです。都心にもあるし、米軍基地の近くなんかにもあったりします。僕は沖縄とかに行った際に、よく行きますよ。でも、僕のパップテントは、オークションサイトで、「パップテント」「軍放出品」とかで検索してヒットした中から、気に入った中古品を買ったものです。前の所有者が入り口の両サイドにチャックを縫い付けてくれていたので、開閉がラクなんです。当時二、三万円で買いました。

日帰りキャンプにお勧めなタープ張り

僕の場合、パップテントの設営はドームテントより面倒だから、使うのは二泊以上するときです。

日帰りキャンプだと、パップテントじゃなくて、タープのみで過ごす手もありますね。

――ヒロシさんは第1章で「ブルーシートだけでやるのがいちばんかっこいい」といっていましたが、タープのみで過ごすのは、それに近い？

ええ。タープは一枚の大きな布ですから、基本はブルーシートと同じです。タープで一泊するとなると、季節とその人の体調次第ではトライできますが、虫の問題や気温・天候対策でハードルは高い。でも、泊まらない日帰りなら、タープのみでも手軽にできますよね。

タープの下でキャンプをするヒロシ。

――タープを張って、空や自然を見ながらの日帰りキャンプも楽しそうです。調べてみると、タープには「ステルス張り」というかっこいい形にする方法や、一枚の生地で床・天井・壁を作れる「ビークフライ」という張り方もあるようですね。

第1章で紹介されている「ダイヤモンド張り」もそうですけど、そういうタープを張る

1枚の布で床も天井も作れる「ビークフライ」。

「ステルス型戦闘機」に見えるステルス張り。

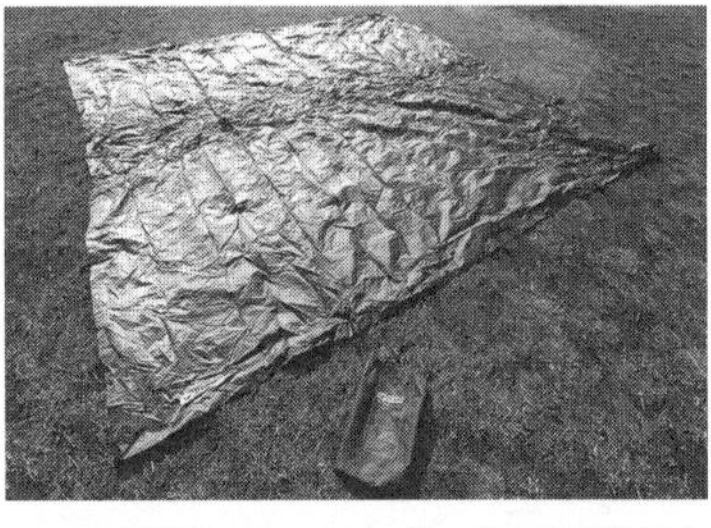

ヒロシ愛用の「DDタープ」。「この迷彩柄も持っています。これの迷彩のすごいところは、新緑でも紅葉でも溶け込めるところですね」（ヒロシ）。

練習をしながら、日帰りのデイキャンプを楽しむのもいいですよね。焚火会のじゅんいちさんなんかは、現地で工夫して、オリジナルの張り方を編み出しちゃいますからね。

ちなみに、僕が使っているタープは、イギリスのメーカー・DDハンモックスの「DDタープ」です。サイズは主に三・五m×三・五m。以前は、大手メーカーのタープを使っていたんですけど、同じメーカーのものを使っている人が多すぎて、皆と同じのは嫌だなと思っていたんです。他にないかな、と思っていたら、二〇一六年に、日本でDDの代理店をしているタカ社長とSNSで知り合いました。それ以来、「DDタープ」を使っていますね。

ヒロシがドームテントの次に買ったテントとは？

僕がドームテントの次に買ったのが、ワンポールテントといわれるものです。一本のポールをテントの真ん中に立てて組み立てる、円錐形のテントですね。二～三人で寝ることができるものもあります。僕が二〇一五年に買ったワンポールテントはルクセアウトドア（香港のアウトドアメーカー）の「メガホーン２」です。

――『ヒロシちゃんねる』の第一回目で初おろししているテントですね。

そうです。当時、小型のワンポールテントといえば、これしか売ってないのか、というくらい流行っていました。

――ヒロシさんの買ったワンポールテントは、地面に生地がないので、やはり虫が入ってきますか？

床に生地がなかったり、チャックで出入り口を完全に閉じられなかったりすれば、入ってくる可能性はありますよ。僕は、パップテントと同様、虫が減る秋以降に使います。

初秋なら、地べたにマットを敷いて、そのまま寝ちゃうこともありますけど、ここでも活躍するのが簡易ベッドのコットです。ふだん使っているサーマレストのマットは季節にかかわらず使える道具だけど、あれを敷くだけだと、寒い季節は厳しいもんで。

――エアマットをコットの上に敷いて寝るんですね。

そうそう。それと、ワンポールテントも、地面に生地があるものが今では売っています。ソロキャンプを始めると、こうやって買い足したり、ギアを替えていったりすることも面白いな、と思える時期が来ると思います。

ポーランド軍テント×米軍コットで野営キャンプ気取り

――ワンポールテントは、今はあまり使わないんですか？

仕事でキャンプしているときは、張るのが大変だから、あまり使っていないですね。でも、プライベートなら、使いたいと思っていますよ。二〇二〇年の暮れに、僕はワンポールテントを買い足しているんですよ。ポーランド軍のポンチョテントです。これ、二〇二一年の正月のキャンプで初おろししました。

――ポンチョって、着るポンチョですか？

ええ。寒冷地で雪の中を歩くときに着るポンチョです。兵隊が着るポンチョを二つつな

ポンチョを2枚使って作るポンチョテント。「僕は1人だからいいけど、2人の軍人がこのスペースで寝ているかと思うと……」（ヒロシ）。

げるとワンポールテントになる、という代物ですね。これもコットン製です。

——なんですか、このかっこよさそうなのは！　ポンチョとしても使えるんですか？

もちろんです。未使用品っぽいのをネットオークションで二万五〇〇〇円で買いました。僕が買ったのは一七〇サイズから一八〇サイズですが、サイズ違いのものもありましたね。

難点は重いこと。ちなみに、これに使う簡易ベッドのコットも、僕はかっこつけて、米軍が使っているもののレプリカを持っているんです。組み立てづらいんだけど、このポンチョテントとセットで使いたい。ポーランド軍のポンチョテントに、米軍コットを入れて、過ごしたい。本格的に野営している気分になれそうじゃないですか。

——それは楽しそうですね！　キャンプ場でテントを張る場所を決めたら、着ていたポンチョをおもむろに脱いで、それでテントを立て始めたら、雰囲気が出そうですね！　それに、あえて軍人が使う飯盒でご飯を炊いて、軍のレーション（軍の配給品）を調理して食べるとか！　あとモデルガンとかも持ち込んだりして！

いや、そこまでしたら周りから危ない奴に見られますよ。でも、前のめりな気持ちはわかります。僕は、ポンチョテントに防水加工したんです。焚火会の阿諏訪くん（うしろシティ）が大好きなスウェーデンのアウトドアブランド・フェールラーベンが出している「G－1000素材専用ワックス」を使って。この固形ワックスがなくなるまで塗りたくって、さらにアイロンをかけて馴染ませたんですよ。仕上げまで五時間くらいかかりました。完成した後に、水道の蛇口に持っていって水をかけたら、すごい勢いで弾くんです。水滴がテント生地の上で踊るんですよね。

でも、塗っていない裏生地も、水を弾いたんです。

――元から防水加工だったんですね（笑）。

未使用品だったので、弾いただけかもしれないですけど。このワックスを塗っていないところは使っていくうちに水を弾かなくなるだろう、と自分に言い聞かせました。

――ちなみに、今、気になっているワンポールテントはありますか？

焚火会のじゅんいちさんが使っていたのを見て「いいな」と思ったものですけど、バンドックの「ソロティピー1TC　BDK-75TC」です。僕が使っているバンドックのドームテントのワンポールテント版みたいな風情ですよ。

本物の軍幕は好きだけど、コットンだからどうしても重くて気軽には持っていけない。気軽に雰囲気を出したいと思ったときには、この「ソロティピー」のカーキ色のを使えばいいんじゃないかな、と思ったんです。メッシュでできた中のインナーテントを外して、外側のフライシートだけにすれば、タープ気分を味わえそうですし。軍幕の重厚感はないけど、手軽さは魅力的です。

テントなしで一泊するハンモック泊の魅力

――パップテント、タープ、ワンポールテントと来て、次はハンモック泊についてうかがいたいです。ヒロシさんが初めてハンモック泊したのはいつなんですか？

先ほど、タープ張りの際、ＤＤハンモックス社の代理店をしているタカ社長と知り合ったといったじゃないですか。それで翌二〇一七年の春に、一緒にキャンプすることになったんです。

都内から岐阜県まで、ジムニーで駆けつけました。このとき、島田くんと一緒に初めてハンモック泊を経験したんです。ハンモックの張り方もタカ社長が教えてくれました。「こんなにゆらゆらする上で、落ち着いて眠れるのか？」と思っていたけど、ぐっすり眠れたんですよ。赤ちゃんのゆりかご効果みたいなものがあるんだと思います。それに、じっとしていれば、思ったより揺れないんです。

ハンモックによって違いはあると思うけど、僕の使っている「ＤＤハンモック」は左右の圧迫感もない。ハンモックの中であぐらもかけますから。このときから「ＤＤハンモック」を愛用しています。

――ハンモック泊の魅力はどこにあるんですか？

夜寝るときに星空が見えて、朝目覚めるときも日の光で起きられる。つまり、空が見えることですかね。これは、テントでは味わえません。虫除けのメッシュ越しになっちゃいますけど、開放感はありますよね。

それと、ソロキャンプを始めた頃は昼間に焚き火の前で過ごす用に椅子を持っていったんですけど、ハンモックに腰掛けて焚き火をするようになってから、椅子が不要になりました。

タカ社長からやり方を教わった後は、一年間ほぼハンモック泊でしたよ。

ハンモックを椅子代わりにするヒロシ。

――ハンモックは、張り方が難しそうですよね。

僕もそう思っていました。実際、タカ社長に張り方を教わった当初は、よくわからなかったですから。

で、その後、自分でやってみたら、意外にできたんです。僕は極度な面倒くさがりだから、たぶん誰でもできると思うし、実は、ハンモックを張るのはテントを張るよりかんたんなんですよ。まだやったことがない人にはイメージしづらいと思うけど、程よい木があれば設営はかんたんです。もちろん、天気がいいときに限りますけど。雨が降る日は、ハンモックの上に雨よけとなるタープを先に張らなければならないです。一度、大雨のときにタープを張ってハンモック泊をしたんですけど、深夜に目が覚めたら、タープの張り方が失敗したのか、雨水が漏れてて、ハンモックはぐっしょり。もう、えらいことになりました。

――雨で木にかけているロープがすべって落ちることはないんですか？　なんか、すべりそうな印象があって、ちょっと怖いです。

これが、意外に落ちないんですよ。やってみればわかるけど、ベルトの幅があるので、摩擦が働いて、しっかり止まるんです。ただ、キャンプ場によってはハンモック禁止にしているところもあるから、ルールは守ってください。

――「DDハンモック」以外に使ったハンモックはあります？

それが、僕、「DDハンモック」以外のまともなハンモックは使ったことがないんですよね。だから使い勝手の比較ができていないんですけど、当初、蚊帳のついているハンモックを見たのはＤＤのが初めてでした。今は、安いハンモックでも蚊帳がついているのが多いようですね。

拙書『ヒロシのソロキャンプ』（学研プラス）で総額一万五〇〇〇円でできるヒロシ風キャンプという特集をやっているんですけど、そこで格安ハンモックを紹介しているんです。そのハンモックは、その後、僕が家で使ったんですけど、生地が伸びちゃって……。だから、安いと、そうなっちゃうのかもしれませんね。

ハンモックに寝心地の良さを求めるなら、少し高くても、信頼できるメーカーのものを買ったほうがいいでしょう。

静寂を味わう冬ソロキャンプ

――最後は冬にソロキャンプすることについて、うかがいたいです。

冬のソロキャンプの魅力は、人がいないこと……だったんですけど、今はブームもあって、冬でもキャンプ場に人が来るようになりました。ただ、夏休みシーズンとは比較できないくらい空いています。あと冬のソロキャンプのいいところは、冬にキャンプしに来る人は、テンション高い人がいないから、静かなんですよね。

——たしかに、冬にはタンクトップの男性とホットパンツの女性は来なさそうです。

バニラやココナッツの匂いが漂ってこない。そこらへんが冬ソロキャンプの僕の利点ですね。

——冬だとどんな準備をしていったらいいのでしょうか？

テントによっては、外が寒いと中との温度差でテント内部に結露が発生します。寝袋にシュラフカバーをつけて、結露で濡れることとついでに寒さも防ぐとかじゃないですかね。あと、やる場所によっては、服装も中にユニクロのヒートテックとかウルトラライトダウンとかを着込まないと厳しいかもしれません。

ただし、行ってみないと、なんともいえないですよね。一回やってみて「次はここを改良してみよう」と気づく世界なんです。

なんでもそうだけど、一回目から成功できるとは思わないほうがいいです。一つ助言するなら、初めての冬のソロキャンプは車がないと危ない、ということ。急にどえらい雪が降ってきたり、気温がガンガン下がったりした際、車があれば、そこに逃げ込めますからね。ベテランになれば、リュックを背負って公共交通機関で行って……とかでもいいけど、初回に車なしでの冬ソロキャンプはやらないほうがいいです。もし車を持っていなかったら、とりあえず何度か冬にデイキャンプをしてみて、寒さを実感しておき、泊まるためには何が必要なのかを学んでから宿泊に臨んだほうがいいかもしれません。冬は夏と違って必要な荷物が多くなってきますからね。

――実はアドバイスをうかがう前に、二月の冬キャンプにトライしてみたんです。まさに翌朝をエンジンを切った車中で迎えることになりました。知識もなかったので、人が少なかった河原近くにテントを張ってしまったんです。夜中に寒さで目が覚めてしまいました。寒すぎると、息がうまくできなくなるのは初めての経験でした。

冬の水辺の近くは凍えますから。テントを立てるなら、河原から少し離れた林間サイトがいいかもしれません。

あと、雪中でテントを張るのは、普通のキャンプよりハードルが高いから、初めてひとりでやるんだったら、冬でも人が多いキャンプ場を選ぶとかの対策が必要です。いざとなったら助けを呼べる距離に人がいる状況でやる。

それはそうと、エンジンがかかっていない車中に逃げ込んだといってましたが、死んだり大怪我したりしてないわけだから、いい体験にはなったでしょ？

――そうですね。車で行ってなかったら、どこかのテントに、土下座して入れてもらうしかなかったかもしれませんが。

誰も、知らないおっさんを入れたくないですよ。真冬の自然の中は想像をはるかに越えて寒いですから。第2章で語った通り、冬の寝袋は本当に重要です。信頼できないノーブランドの「マイナス三五度対応」のうたい文句を信じるのは、危険です。ソープランドの呼び込みを信じるのも、危険です。

体験から学ぶことが多いソロキャンプ

……そういえば、僕が覚えているのも、怖かったこととか、きつかったことばかりですね。安物の冬用寝袋を買って真冬にキャンプしに行ったとき、怖いくらい寒かったことは鮮明に覚えています。でも、そのおかげで心底納得したうえで五万円の寝袋を買うという体験にもつながっていますもんね。

——初めから五万円の寝袋を買っていて「こんなもんかな?」と思っていたら、その経験はできていないですもんね。

ソロキャンプの面白さは、体験から学ぶことの多さでもあるんです。結局、事前に頭の中で考えたこととか想定したこととは違うことが起こるのが常ですから。

なんというか、今、社会に余裕がなくて、かんたんに失敗できないじゃないですか。それに、皆、ショートカットするやり方やわかりやすい正解ばかりを求めている傾向がある気がします。

でも、失敗しながら、トライ&エラーでしか学べないことって、やっぱりあるんですよ。お笑いのライブとかもそうで、時間をかけて死ぬほど考えたネタがウケなかったのに、追い込まれてたまたまその場でやったのがウケる、とかがある世界ですから。こういうのは体験からじゃないと学べないんです。

ソロキャンプは、この体験から学ぶ重要さを知れる機会になると思います。「えらく寒かった」「すごく不味かった」って、嫌でも体に刻まれるでしょ？

――そうですね。

慣れてきたソロキャンパーがやりがちなマナー違反

ここまで読まれた方の中には、ソロキャンプにハマってきた人か、すでにソロキャンプをやっている人も多いと思うんです。そういう人がやりがちなことって、初心者ソロキャンパーに余計なおせっかいをしちゃうことです。

キャンプ場でのソロキャンパー同士の出会いを否定するわけではないけど、ソロキャンプをする人は、ひとりでキャンプすることの面白さにハマっている人ですよね。だから、僕の個人的な考えだけど、初心者の人が困りながらもいろいろひとりでやろうとしていたら、頼られないうちは、声かけちゃダメなんじゃないかと。

――せっかくの試行錯誤の機会を奪ってしまう?

そうそう。ひとりを楽しみたいからソロでキャンプをしているわけで、話しかけられるのも苦手、という人が多くいることを理解してほしいです。

僕は、キャンプ中は話しかけられたくないです。せっかくのひとりの時間は邪魔されたくないですね。

これ、僕、釣りでも経験しているんです。神奈川県の田舎町に住んでいたとき、近くの川に釣りに行ったら、「○○フィッシングクラブ」という恥ずかしいTシャツを着たベテランの釣り師みたいな人が声かけてきたんです。「その仕掛けだと、ここじゃ釣れないよ」って話しかけてきたんですね。初見の僕を見て、釣りの初心者だと思ったんでしょう。

ただ、僕も、このときにはすでに釣りを長くやっていたので、「魚がいたら誰でも釣れる」ことは知っていました。実際、その後、魚は釣れたし、もっと安い道具でも、すごく釣れたときがありましたから。

「それじゃダメだよ」なんてことを最初にいわれたら、腹が立ったり、恥ずかしくなったりするじゃないですか。せっかく始めたのに、「もうやらない！」と投げ出しますよ。ソロキャンプの始めたては、焚き火でいえば、火熾しした瞬間ですよね。火をいじると消えちゃう時期で、じっくり見守らなければならない。だから、直接「教えてください」と頼まれない限りは、ちょっかいを出さない。これがソロキャンパーの最低限のマナーだと思うんです。

お互い、グループキャンプで来ていて、ワイワイガヤガヤやっているならまだしも、ソロで来ている同士なのだから、そこは気遣いが必要です。

体験から学ぶことがソロキャンプの面白さなんだから、先輩がその機会を奪わないでほしいですね。

真冬のハンモック泊に挑戦

テントで冬キャンプを何度かしていると、冬でもハンモック泊をしたいという欲求が湧いてくると思います。

たとえば、雪の中でキャンプをやるとき、テントの中にエアマットを敷いたり、コット

ハンモックにアンダーブランケットをかけたところ。

愛機のジムニーの隣で雪中キャンプを楽しむ。

を使ったりして地面からの冷えを遮断するんだけど、地面の冷えを遮断するのにいちばん最適なのはハンモックなんですよね。

——そもそも地面から浮いているからですか？

そうそう。でも、ハンモックの中にマイナス三五度対応のいい寝袋を入れて、そこに潜り込んでも、寝袋の背中部分の中綿が体重でつぶれちゃうでしょ？　中綿の効果がなくなると、えげつないくらい寒いんです。

そこで、ハンモックの外側に被せるアンダーブランケット（アンダーキルト）というアイテムが必要になってきます。これを使うと、アンダーブランケットとハンモックの間に空気の層ができて、外気の冷えを遮断してくれるんです。

品物にもよるけど、アンダーブランケットはハンモッ

風や視線を遮《さえぎ》るのに役立つ「Aフレーム」でも、昼間はこのように木を使って跳ね上げたり反対側に折り返したりすれば、景色を楽しめる。

タープを山型に張る「Aフレーム」。タープの両側を地面まで落とすことで風よけに。さらに出入り口を閉じてテントみたいにもできる。

クと一緒に持っていくと、ドームテントとマットを持っていくよりは、ちょっと嵩張るんじゃないかな。でも、真冬にハンモック泊をするなら絶対必要です。

――春から秋までならば、テントよりハンモックのほうがコンパクトになるのに、真冬だと逆転しちゃうんですね。

そうですね。ただ、テントでも毛布を追加したりするので荷物は増えるんですけどね、少しでも冷たい風を防ぎたいとなると、ハンモックの上に傘のように張るタープも必要になってきます。僕は「Aフレーム」という張り方をするんですよ。

少しでも冷たい風が入ってこないようにするためですね。こうすると、テントの中でハンモックで寝ているみたいな気分にもなれます。ただ、タープをつけると、夜空を見ながら寝るといったことはできなくなる。まぁ、夜空を見たければ、タープの片側をひっくり返せばいいんですけど。
冬にハンモック泊をするのも格別ですからね。何回かソロキャンプをした後にトライしてみるといいと思います。

——冬にハンモックで眠る際、服装はどういう感じなんですか？

やる気温や環境によりますけど、服装は、ちゃんとした冬用の寝袋とアンダーブランケットがあれば、ハンモックの中に潜り込むときは、発熱インナー、インナーダウン、その上に、パーカーくらいじゃないですかね。あと足先が寒いので、使い捨てカイロを仕込んだりします。

——冬のハンモック泊も、慣れてきたら、やってみたいと思います。次の最終章では、「ソロキャンプをいかに一生モノの趣味にしていくか」について、お話ししていただきたいです。

第6章

ソロキャンプを一生モノの趣味にする

連泊するメリットとは？

——ここまで、ソロキャンプの始め方やステップアップの仕方をうかがってきました。最終章では、ソロキャンプを一生の趣味として楽しむための手引きをうかがいたいと思います。

まず、テントやハンモックで一泊することに慣れてきたら、連泊への挑戦ですよね。焚き火や調理を、余裕を持ってこなせるようになると、一泊では物足りなくなるんです。二、三日泊まりたい欲求が湧いてきます。

一泊と連泊では、必要な食材の量が変わります。車で行く場合や、キャンプ場の近くにスーパーやコンビニがあるときは、途中で買い足しに行けばいいですけど、そうじゃなければ、まとめて買っていく必要がありますよね。量が多くなると、季節や食材によっては、クーラーボックスを追加します。傷みやすいものは初日に食べ、保存が効くものは二日目、三日目に食べるとかの配慮をしています。

あとは、お風呂や着替えだけど、僕は汗をダラダラかく季節には連泊しないので、三泊くらいなら、風呂・着替えはなしで過ごします。でも、焚火会の島田くんがすぐにお風呂に入りたがるように、毎日着替えしないと嫌だという人もいるでしょ？　あと、コンタクトレンズの替えが必要な人は、それも用意することになります。

こんな感じで、連泊は準備もしっかりしなきゃいけないんですよね。ただ、キャンプ場が便利なのは管理棟があるところ。いざとなったら管理棟に行けば、何かしら必要なものが売っていたりはします。ちなみに、お風呂やシャワーが用意されているキャンプ場もあります。宿泊施設が併設されているキャンプ場だと、その大浴場を有料で使わせてもらえたりもします。

——一泊する以上に追加で必要になるものが増えるんですね。それでも連泊するメリットはなんなのですか？

テレビ番組でタレントがキャンプをやると、釣りをしたり、川下りをしたり、ブッシュクラフト（ナイフや火打ち石などの最小限の荷物で、自然の中で野営キャンプしたりすること）的に現地の自然のもので何か使うものを工作したりだとか、いろいろやるじゃないですか。一泊のキャンプで、あんなに詰め込んだスケジュールを組む人なんて、実際はいないんですよ。

連泊ソロキャンプをすれば、このような釣りも楽しめる。魚はスズキ。

テレビのあれは視聴者を楽しませたいのであって、個人が一泊でやるのは無理です。でも、連泊なら、いろいろなことができるようになるんですね。

薪を買わずに、落ちている枯木で焚き火するだけでも、手間と時間がすごくかかるじゃないですか。焚き火のやり方に凝るだけで、だいたい日が暮れます。最初に焚き火をやったときは、テントに入って眠るまで、暇がなかったでしょ？

――そうですね。買った薪をバトニングするのに三〇分ほどかかりましたし、火が安定するまで二時間かかりました。その後も火を消さないために、薪を追加する必要もあったりと、焚き火はやることがいっぱいあって、持ってきた小説を読む暇もなく、あっという間に時間が経っていました。

そうなんですよ。でも、連泊すれば、「焚き火は昨日十分楽しんだから、今日は夜までお預けでいいか」となるでしょ？　海に近ければ、釣りにも手を出せるんです。僕はトラギア（エイテック社製のコンパクトな釣り竿のシリーズ名）の「ティップトップ」という竿を持っていって、ルアー釣りをやりますよ。

連泊すると、こういったキャンプ周辺のことを楽しむ時間ができるのがメリットですね。近くの観光地を訪れるのも、二泊以上になって初めて楽しめる余裕が出ると思います。

——昼間は観光地に行き、夜はキャンプ場で泊まって、翌日帰るとかの一泊二日キャンプはなかなかできませんか？

体力があったり、キャンプに慣れていたりすればできるかもしれないけど、僕には無理ですね。夜にキャンプ場に着くと、テントも張りにくいし、薪割りから始めて焚き火するのも大変です。それに、ホテルと違って、キャンプ場の受付は夕方前に終わることも多いですからね。

無人島ソロキャンプはどうやるのか？

あとは、キャンプのロケーションに変化を加えることなんだけど、無人島でのソロキャンプも楽しいですよね。

無人島でソロキャンプするヒロシ。大きな石を探し、それに紐をくくりつければ、非自立式のテントでも固定ができる。

――無人島ならではの追加の持ち物はありますか？

いちばん大事なのは水ですね。周りが海水しかないじゃないですか。だから、折りたたみ式のウォータージャグを持っていきます。僕が使っているのは一〇リットル入るものです。二〇二二年の正月に、無人島キャンプを三泊四日でやってきたんですけど、一日二リットルの計算で七リットルの水を持っていきました。

あとは靴ですね。僕が持っているのはメッシュ素材で下はゴムになっている。これを素足で履けば、水の中に

100円ショップでは、3.9ℓ入るウォーターバッグ（左 100円）、3.5ℓ入るウォータージャグ（右 400円）まで売っている。

空輸制限の関係で、ろうそくランタンを使うこともある。右側で光っているのがユーコのろうそくランタン。

入ってもすぐ乾くし、固い岩場も歩けますから。

それと、ろうそくランタンです。僕はオイルランタンを持っていきたいんだけど、使用済みのオイルランタンは空輸できないんです。ですから沖縄の無人島には、いつも代わりにろうそくランタンを持っていくことになりますね。二〇二二年の正月に僕が持っていったのは、ユーコ（アメリカのアウトドアブランド）のろうそくランタンとその専用リフレクター（反射板。風対策にもなる）です。ちょっとした趣がほしいから持っていったんだけど、僕の中ではオイルランタンの趣には敵わないですね。

――読者の方が「無人島に行きたいな」と思ったら、どうすればいいですか？

無人島への行き方はいろいろあるけど、ネットで「無人島キャンプ」と検索すると、問い合わせ先が出てきます。トイレやシャワーまでついているところもあります。まずは、そういったところで楽しんでみてもいいんじゃないですか？　慣れてから行くとか、何かあったときのためにもソロキャンパーを募って一緒に行くとかがいいと思います。

――まずはキャンプ観光地として有名な無人島を検討してみます。

はい。それで十分楽しめると思いますよ。

「愛機×ソロキャンプ」という掛け算を楽しむ

あとは、車やバイクとの掛け算ですよね。自転車でもいいと思いますけど、愛機でキャンプに行く行程や、愛機の傍でキャンプすることを楽しむ。

――キャンプ場内に車で乗り入れることができるオートサイトとかですか？

ええ。僕の車は三〇年以上前の軽自動車４ＷＤジムニー「ＪＡ11Ｃ」で、二〇一六年に

愛機・ジムニーと一緒にオートサイトでソロキャンプをするヒロシ。

一〇〇万円くらいで買いました。これ、ホロ車（荷台部分が防水布で覆われている車）なんです。

屋根のホロからは雨漏りがするし、乗り心地も悪いです。クーラーの効きだって悪い。ステアリングもパワステではなく重ステだから、運転も大変です。

それでも、ソロキャンプに合うんです。この車を「爆裂にかっこいい」と評してくれる焚火会の太ちゃん（ウエストランド）は、この車のよさを「ダイレクトに道の凸凹を感じ取れるところがいい」「重ステがいい」といってくれます。要は、運転している感を味わえるのが、この車の最大の魅力なんですよね。

ソロキャンプは、わざわざ不便を味わいに行くものだって、第3章でいったじゃないですか。運転だって、したくなければ公共交通機関で行けばいいし、ラクに運転したければ、オートマの車のほうがいい。だけど、運転そのものを楽しみたいときがあるじゃないですか。そういうときは、マニュアルの愛機と一緒にキャンプに行くんですよね。

——そう聞くと、ジムニーがほしくなってきました。

ヘルメットやブーツの置き場に困らない前室の広いテント。

ハンモックの片方をジムニーに引っ掛ける。こうすれば木1本でもハンモック泊ができる。

そうでしょ？　車だって愛おしくなりますよ。高速でこの車が走っていると目立ってしまうけど、キャンプ場の中に入ると、自然と調和して溶け込めるのもいいんですよね。そして、このジムニーにハンモックの片側を引っ掛けて、ハンモック泊を楽しむこともできますから。右上の写真は、ホロを外して車にハンモックを引っ掛けた状態です。

――車ではなく、バイクで行くのも楽しそうです。

「ツーリング×ソロキャンプ」ですね。

僕が持っているドームテントの「ツーリングドーム」は、まさにツーリングテントのド定番です。ちなみに、前室を広く取ってバイクが置けるようにしているものもあるようです。「ツーリング×ソロキャンプ」を考えているなら、最初からそういうテントを買うのもありです。

僕はホンダの「XR250」に乗っています。何度かツーリングキャンプはしたことあるけど、バイクの運転は歳のせいか、疲れるんです。それに夏は暑くて冬は寒いのもキツいです。最近はあまりキャンプとの併用はしていません。

ヒロシが参考にする海外ブッシュクラフト動画の探し方

あとは焚き火のところで話しましたが、ブッシュクラフト的なことをソロキャンプに取り入れることでしょうか。倒木、枯木、蔓《つる》を現地のキャンプ場内で調達して、その日使う椅子、テーブルや、トライポッド（焚き火を下に置いて鍋や薬缶を吊るす三脚状の道具）を作ったり、木を横に積み上げて焚き火のリフレクターとかを作ったりする。焚火会の中だと、手先が器用でロープワークの知識もある阿諏訪くん（うしろシティ）がうまく作ります。

作り方はネットで調べればわかりますけど、ソロキャンプをやっていると、芸術家みたいな気分になるときがあるんですよ。そこらへんの木を重ねるだけで「うん、これがかっこいい」と思ったり、「こっちのほうがアートを感じるね」となったりする。自己満足に過ぎないんだけど、こういう世界観に浸れるのも、ブッシュクラフト的なことをソロキャ

「雪中のキャンプだったけど、焚き火の熱を自分に向かわせるため、奥にリフレクターを作ったんだよね」(ヒロシ)。

ヒロシが作った調理台やY字のボトルハンガーとランタンポール。

ンプに導入する面白さですよね。

——ヒロシさん、第2章でもブッシュクラフターの動画を見ているといわれていましたが、それはどうやって探すんですか?

海外のブッシュクラフターの動画ですね。日本語で「ブッシュクラフト」と検索しても、日本人のものが多く出てくるんだけど、YouTubeの検索窓に英語で「Bush Craft」と打つと、海外のブッシュクラフターの動画が出てくるんです。

ただ、「海外だと、こんなことができるのか」と感心するけど、それが日本で許されているかどうかは別問題です。僕は制限がある中でY字ボトルハンガーやリフレクターを作ったりと、ブッシュクラフターの真似事をしているんですよ。

ヒロシが憧れる日本人ソロキャンパー

僕は主に、海外のブッシュクラフターの動画を参考にしているんですけど、日本でも寺《てら》崎勉《さきつとむ》さんという方がいるんですよ。昔から日本中で野営をやっている人です。この人の昔の動画を見たことがあるんです。僕のソロキャンプは盆栽感覚だけど、この人のやっていることは、シンプルで大雑把なのに、すごく魅力があるんです。

——動画を見てみました。髭《ひげ》をもっさりと蓄えていて、万年野宿で生活していそうな風貌の男性が、山の空き地で勝手にキャンプをやっている雰囲気が出ています。実際には、許可を取っているかもしれませんけど。

地図にない林道の行き止まりとかで、いきなり野宿を始めるんですよね。撮影場所は日本だと思いますが、外国を放浪しているような空気感を漂わせていて……。僕も、これ、すごくやりたいんですけど、僕が勝手に日本で野宿をしたら、怒られそうじゃないですか？　だから、寺崎さんの動画を見ると、憧れるんです。昔の動画だから画質も荒いけど、見ているとワクワクしますよね。

　寺崎さんは、食事も全然こだわってなさそうなんです。焚き火で米を炊いて、納豆をかけて食べるとかだから。それに、僕が持っているジムニーを何年も前に持っていたようなんだけど、軽量化といって、無駄なものを全部剝がしているんですよ。ジャッキまで所定の場所から外しちゃっていますからね。「強度を確保しつつ軽量化している」とかいっているけど、ミニ四駆じゃないんですよ？　自分が乗るジムニーでやっているんです。生き方に浪漫《ろまん》があってかっこいいんですよね。

——寺崎さんは、グループソロキャンプみたいなこともやられているようです。夜、酒落っ気のない男たちだけで焚き火をしている映像には、しびれました。

　しびれるでしょ？　ソロキャンパーとして僕がわかりやすいからたまたま取り上げられているんだろうけど、この人のほうが昔から無骨なソロキャンプをやっていたんですよね。僕も、ああいうキャンプをやりたいんです。でもなかなか自由にやれる場所がないから、仕方なく自由に使える自分の山を二〇一九年に買ったんです。

ヒロシ、山を買う

ただ、山を買ったからといって、自由にできるわけじゃないんです。キャンプをやるときは、火事の煙に間違えられないために、その都度、事前に消防署に知らせに行ってます。

それに、整備されている山を買っていればよかったのかもしれないけど、僕が買った山は未整備だから、キャンプするには、その前に開拓が必要なんです。なので、開拓作業に使う軽トラや草刈り機を買うことから始めました。

ひとりで開拓するとなると、なかなか思うようには進まないんですよね。焚火会の人にも手伝ってもらったことがあるけど、山の開拓は大変ですよ。

「山の維持って大変なんだよね」（ヒロシ）。

――ヒロシさん、山にトイレを作られていましたよね？

コンポストトイレ（水を使わず微生物の力で排泄物を分解するトイレ）ね。山でキャンプやる際に使おうと思ったから、設置したんです。本来は、その上に小屋を建てるつもりでした。でも、建設の時間が取れないから、簡易更衣室になる縦長のテントを被せていたら、安物だったからか、一年で朽《く》ちちゃったんです。今は、トイレも家に持ち帰っています。

二〇二一年は、まったく山に行けませんでした。キャンプするには、また草刈りから始めなければならないんです。草刈りは一度やって終わりじゃないですからね。でも、あそこで、映画の『ランボー』みたいなこともしたいんですよ。

——主人公・ランボーの「この山の中では俺が法律だ」は、死ぬまでに一度はいってみたい名セリフですね。

ジョン・ランボーはナイフ一本で全部こなすじゃないですか。僕も、ナイフ一本持って、山の中を走って、適当なところで木や草や石でシェルター（避難所）を作って、一夜を明かしたいんですよ。キャンプも一通り道具を揃えてくると、今度は引き算で考えるんです。「次は何を買い足すか」じゃなくて「次は何を持っていかないか」で楽しみたくなるんですね。

ただ、僕の山は山蛭《やまびる》が生息しているスポットがあるから、場所を注意して選ばないといけないんですけど。

理想とするキャンプをやれるかはわからないけど、いつかはやりたいですね。

男が落ち着く場所

――ヒロシさん、テントの中では何をしているんですか？

テントに入ってからの様子はＹｏｕＴｕｂｅでもあまり撮っていないです。狭くて、うまく撮れないんですよね。ＧｏＰｒｏ（アメリカのウェアラブルカメラブランド）とかだとうまく撮れるかもしれないですけどね。テントに入った後の話は、これまであまり話してこなかったと思います。伝えづらいですから。

――テントの中に二二時に入って朝八時に出たら一〇時間。テントの外で焚き火をしているよりも長いかもしれません。

テントの中は、家と同じですよね。キャンプにおいて僕はテントサイトの趣を大切にしているけど、夜にテントの中に入れば、真っ暗で趣も何もない。だから、部屋の中のように好きなことをやっています。

たとえば家でダウンロードしていった映画を、iPadを見やすい位置にセットして、横にコーラを置いて、テントの中で夜に見たりするのも楽しい。夜中に海外ドラマの『ウォーキング・デッド』とかのゾンビものを見ると、臨場感が半端ないですからね。映画じゃなくても、夜にテントの中に入ってゲームするのも、楽しいんですよね。僕がやっているゲームはスマホゲームで、『ウォーキング・デッド』のゲームアプリです。もうひとつゾンビもののゲームアプリもしていますね。

――いや、ゾンビ漬けじゃないですか（笑）。

でも楽しいんですよね。テントの中って……そうそう、昔の僕がよく行っていた場所なんだけど、個室ビデオってわかります？

――はい。繁華街にある、カプセルホテルとネットカフェを合体させたような休憩・簡易宿泊施設ですよね。エッチなＤＶＤも借りられたりする……。

ああいう狭くて、限られた空間にいると、落ち着きません？　僕、そういう狭い空間が好きなんですよ。キャンプにおけるテントもまったく同じです。

僕の好きな漫画家の小田原《おだわら》ドラゴンさんが、二〇二一年から、車中泊で全国を回っている漫画（『今夜は車内でおやすみなさい。』講談社）を描かれているんですよね。それで、フェリーに乗って北海道に行ったらしいんだけど、フェリーの中の部屋の写真をツイッターでアップされていたんです。寝るだけのカプセルタイプの小さな部屋なんだけど、それ見て、「あぁ、楽しそうだな」と思いましたもん。

ドラゴンさんが車中泊にハマっている気持ちもわかります。車って、小さな部屋ですから。初めて車を買うと、別に用もないのに駐車場に行って、車の中に入ったりするものなんです。エンジンもかけず、その空間にいるだけでも、ワクワクするから。子どものときに押し入れの中にひとりで入って遊んでいたりしたのと同じですよ。僕にとってのソロキャンプのテントの中は、そういうひとりになれる狭い空間なんです。

ただ、焚火会の西村くん（バイきんぐ）や島田くんとかだと、二人にとってテントは寝る場所でしかなく、ぎりぎりまで外にいて睡魔の限界が訪れたら入る場所なんです。二人は僕と違ってお酒を飲めるから、外で飲むのが楽しいのかもしれません。人それぞれですね。

「世田谷ベース」を持てない人へ

――個室ビデオや部屋と一緒だったら、テントの中で好きなグラビアアイドルの動画を見てもいいんですね。

それは、贅沢な時間だね。家に誰かいたら、自由にできないでしょ？　狭い場所にいると、ちょっとスケベな気持ちになるんですよね。僕は一人暮らしで部屋にテレビもビデオもあるのに、個室ビデオに行っていましたから。

別にテントの中でヘッドホンして、どスケベなビデオを見てもいいんですよ。ポータブルＤＶＤプレイヤーとか持っていったりしてさ。グラビアアイドルのＤＶＤだって、大きなテントで何人かで見ても、しょうもないじゃないですか。自分のいいようにはできないですよ。

うん……本当に悪くないですね、今の提案は。大自然の中で焚き火をやって、夜にテントの中で黒ギャルの長い爪とか見たら、たまらないじゃないですか。違法なこと以外、何やってもいいんです、テントの中では。

――所ジョージさんが自由に遊べる場所として持っている「世田谷《せたがや》ベース」は、男だったら誰でも憧れますけど、持つのは難しいです。一方、テントならば、かんたんに持てますね。

ソロキャンプのよさは自由だと最初にいいましたけど、テントの中も自由ですからね。テントの中で、ＬＥＤランタンの光を頼りにプラモデルを組み立てたりしても、楽しそうじゃないですか？

今、グラビアアイドルの話を聞いて、「グラビアアイドル×ソロキャンプ」という柔軟な考えを、僕自身も忘れていたな、と思いました。ソロキャンプって、もっと可能性があるんですよね。

僕は『ヒロシちゃんねる』で、わりかしかっこいいソロキャンパーのイメージを持たれるようになったけど、元はネガティブなことばかりいう芸人ですからね。『ヒロシちゃんねる』でＢＧＭをたまに流すときがあるんだけど、渋いキャンプ動画だと思うときは低いベース音が聞こえるＢＧＭを使い、楽しい動画だと思うときはあっけらかんとした明るいＢＧＭを使うんです。前者のイメージが強いかもだけど、後者の楽しそうなソロキャンプも僕は好きだから。どちらのソロキャンプもありなんです。

――島田さんからも、熊本のキャンプ番組で、「阿諏訪といるときは渋いBGMを使うのに、僕といるときは明るいBGMしか使わない」とツッコミを入れられていましたよね。

どちらも大事だから。ソロキャンプをやっていて、かっこつけたいと思うときもあれば、単純に楽しみたいと思うときもあるからね。

暇と「ソロキャンプ的」な場所の大切さ

――ヒロシさんは二〇二一年一〇月に、ラジオ番組（「高田文夫《たかだふみお》のラジオビバリー昼《ひる》ズ」ニッポン放送）で「キャンプが嫌いになった」と発言しましたよね？　ネットニュースにもなっていました。

あぁ、あれですね。僕は今もキャンプは好きですよ。実際、放送の直後に焚火会の島田くんと一緒にプライベートでソロキャンプに行きましたから。だから、言葉の通りに嫌いになったわけじゃないんです。ただ、高田先生のラジオだから、面白いことの一つくらいは土産として持っていきたかったんです。あの発言は、キャンパーの人からも批判されたりして、ちょっとだけ物議を醸《かも》すことになりましたね。

なんか、いろいろと思うところもあるんです。今、僕は仕事がけっこう多くなっている時期で、いっぱいいっぱいだったりするんです。そもそも、僕、忙しいのが合っていないんですよ。僕の「ヒロシです。」のネタも、くだらないことを見聞きしないと作れないネタなんです。

――はい。暇はとても大事ですよね。でも、雑務に追われることも多くて、なかなか自由な時間を作れません。

気持ちはすごくわかりますよ。僕だって、そこまで忙しくなくていいんです。ほどほどの仕事があれば、僕はそれで十分なんです。芸能の仕事も、そこらへんの調整が難しいんです。

もう少し、暇を作ることを意識していきたいんです。忙しすぎると、余裕がなくなるから、人としての面白さも出なくなっていく気もします。

しいです。

――そうですね。仕事で、「何か儲かることを考えろ！」といわれても、心身ともに余裕がないと、目の前のことでいっぱいいっぱいで、手が回りません。プライベートで「新しいことをやりたいな」と思っても、仕事でスケジュールが詰まっていたら、それすらも難しいです。

そうなんですよね。結局、ソロキャンプの魅力は圧倒的自由だと思っているけど、そうやっていっぱいいっぱいだと、キャンプに行く時間すら取れないじゃないですか。この本の読者だって、「自由にできる時間がほしい！」と思っているんですよね。

テントの中でエッチな動画を見る話をしましたが、ソロキャンプをやるときは、かっこつけなくていいんですよね。せっかくの休みに、ひとりでキャンプに来ているんだから、自然のままの自分でいいんじゃないかと思います。

僕は今、どちらかというと、ソロキャンプのかっこいいイメージがあるのかもしれないけど、バカなキャンプもしたいんです。それにキャンプ以外のこともしたい。地方でテントの中でラジオを聴くことがあるんです。そうすると、全国的には無名でも、地元で有名な人が、番組を持っていたりします。しかも、自由気ままな話をしているんですよね。

「わぁ、こんな自由なことができるところがあって羨ましいな」と思ったりしますもん。その人にとっては、あのラジオ番組がソロキャンプ的な場所なのかもしれません。
もしかすると、今の僕にとっては、キャンプ場よりも個室ビデオのほうが新鮮さや自由を感じるのかもしれないです。

――圧倒的自由を得られる場が一つでもあれば、しんどくてもやっていけそうな気がします。話を聞いたり、実際自分もキャンプをやってみて、「ソロキャンプ」はその候補の一つになる場だと思いました。

そうですよね？　キャンプに興味ない人が僕の言葉を聞いて、ソロキャンプに興味を持ってくれたか、正直、不安なんですけどね。
あの、僕、第1章で、キャンプ云々の前に、近くの川に行って、缶コーヒーでも飲んでみればいいといったじゃないですか？　ちょっとあれ、再度やってみてくれませんか？　それで感想を聞かせてほしいです。

――わかりました。

体験してわかるソロキャンプの魅力

——ということで、再び、多摩川の土手に行ってきました。土手やその向こうの河川敷を使っている人たちはあまり代わり映えはしなかったと思います。でも、前と変わったことがありました。

どこが変わりました?

——まず、なんとなく、土手に生えているススキの葉とか芝生とかに触ってしまいました。子どもの頃以来、あまり葉っぱとかに触ってきてなかったんですけど。

自然のものを汚いとあまり感じなくなったのかな。僕も、昔は女の人を抱きたいとばかり考えていたけど、今は木を抱いて喜んでいるから。自然との距離が近くなったのかもしれませんね。

――たしかに、そうかもしれないです。土手の川から流れてくる風を肌で感じた感覚も、まだ覚えていますし。

そうそう。キャンプって勉強するものじゃなくて、感じるものですからね。こればかりは言葉で何度教えても、伝わらないと思います。体験を積み重ねたことで、初めてわかることですから。

――それは、すごくわかります！　つまり、何が変わったかというと、自分が変わった気がするんですよね。前よりも、五感も研ぎ澄まされた気がします。缶コーヒーを開けた瞬間に立ち上ったほろ苦い香りも、はっきり覚えています。

僕が最初にいったソロキャンプの魅力って、そういう体験だと思うんです。わかりやすいのが外で食べるご飯は美味しいということだけど、自然の中に身を置くと、人間の野生の部分が蘇ってくるのかもしれませんね。

――あぁ、たしかに、人も動物の一種ですもんね。そんなことも肌感覚で理解できている気がします。うまくいえませんけど。

今の人は頭を使う仕事が多いですよね。本来は人間も動物だから、もっと体を使ったり、五感を使ったりする存在なのに、デスクワークが多くなって、変な疲れが出ているのかもしれません。

だから、行き詰まったら野に行けばいいと思うんですよ。そうすると、力をもらえるから。僕、体調が悪いときでも、キャンプに行ったら回復するんですよ。自然には、そういう力があるんだと思います。

——たしかに、ソロキャンプに行った翌日は、元気になってますね。

よかった。そう感じてくれたら、ソロキャンプ入門としては、役に立った気がします。

——ありがとうございました。読者の方も、読んだだけで終わらずに、ソロキャンプを実際に体験してほしいですね。

僕はソロキャンプを始めて、人生が変わりましたからね。その良さがわかってくれたら嬉しいです。ソロキャンプへの恩返しが少しでもできたってことですから。

ここから、各々が自分のスタイルを模索して、ソロキャンプを一生モノの趣味にしてくれればいいと思います。

著者略歴

ヒロシ（ひろし）

1972年、熊本県生まれ。本名:齊藤健一。九州産業大学商学部商学科卒。ピン芸人として「ヒロシです。」のフレーズではじまる自虐ネタで大ブレーク。2015年3月よりYouTuberとして「ヒロシちゃんねる」を配信。自ら撮影、編集したソロキャンプ動画をアップして人気を集める。チャンネル登録者数は114万人を突破（2022年2月現在）。2020年にオリジナルアウトドアブランド「NO.164」を立ち上げる。著書に、シリーズ50万部を突破した『ヒロシです。』『ヒロシです。2』（ともに扶桑社）、『ヒロシです。華も嵐ものり越えて』（東邦出版）、『ネガティブに生きる。ヒロシの自虐的幸福論』（大和書房）、ヒロシの日めくり『まいにち、ネガティブ。』（自由国民社）、『働き方1.9 君も好きなことだけして生きていける』（講談社）、『ひとりで生きていく』（廣済堂出版）、『ヒロシのソロキャンプ』（学研プラス）などがある。TVレギュラーでは『ヒロシのぼっちキャンプ』（BS-TBS）、『ヒロシのひとりキャンプのすすめ』（熊本朝日放送）などに出演中。

SB新書　577

大人《おとな》のソロキャンプ入門《にゅうもん》

2022年 4月15日　初版第1刷発行

著　者　ヒロシ

発行者　小川 淳

発行所　SBクリエイティブ株式会社
〒106-0032　東京都港区六本木2-4-5
電話：03-5549-1201（営業部）

装　幀　杉山健太郎

本文デザイン　藤田ひかる（ユニオンワークス）

企画・制作　中隠道・大原ちず（中野エディット）、大森弘恵

企画協力　佐方まお（ヒロシ・コーポレーション）

校　閲　円水社

印刷・製本　大日本印刷株式会社

本書をお読みになったご意見・ご感想を下記URL、
または左記QRコードよりお寄せください。

https://isbn2.sbcr.jp/14614/

ISBN 978-4-8156-1461-4